A GLÓRIA DE DEUS

A GLÓRIA DE DEUS

Quando o céu invade a terra

BOB SORGE

S713　Sorge, Bob
　　　　A Glória de Deus: quando o Céu invade a terra / Bob Sorge; tradução de Lenita Ananias do Nascimento. – Belo Horizonte: Editora Atos, 2011.
　　　　112 p.

　　　　Título original: Glory: when heaven invadis earth.
　　　　ISBN 978-85-7607-128-0

　　　　1. Glória de Deus. 2. Intimidade com Deus. 3. Cristianismo. I. Título.

CDD: 212.1　　　　　　　　　　　　　　　　　　　　CDU: 231.11

Copyright © 2017 por Editora Atos
Todos os direitos reservados

Coordenação editorial
Roseli Batista Folli Simões

Capa
Rafael Brum

Projeto gráfico
Marcos Nascimento

Segunda edição
Agosto de 2017

Nenhuma parte deste livro pode ser reproduzida, arquivada ou transmitida por qualquer meio – eletrônico, mecânico, fotocópias, etc. – sem a devida permissão dos editores, podendo ser usada apenas para citações breves.

Publicado com a devida autorização e com todos os direitos reservados pela EDITORA ATOS LTDA.

www.editoraatos.com.br

SUMÁRIO

1 Glória: Destino planeta terra 7
2 Definição de glória. 13
3 Preparação para a glória 19
4 Quando a presença não é suficiente. 31
5 Como a glória se vai. 41
6 Os cinco "d" fatais da ausência da glória 49
7 Alcançar o reino da glória. 67
8 Mostra-me tua glória 89
9 Hoje é o dia!. 103

Capítulo 1

GLÓRIA: DESTINO PLANETA TERRA

Rasgando pelo espaço, a toda velocidade através da escuridão, num silêncio lúgubre... rolando e revirando à medida que vem em disparada rumo a um impacto repentino... carregando suficiente potencial explosivo apenas no simples peso de sua imensidão que – quando atingir a Terra – desencadeará ondas de choque cataclísmicas capazes de varrer a humanidade e mergulhar nosso globo em outra era glacial. Assim é o fantasma ameaçador de um meteoro ou cometa gigante em rota de colisão com a Terra.

Será que existe um corpo celeste tão destrutivo na escuridão do espaço, bem neste momento, vindo inevitavelmente na direção do nosso planeta? Só Deus sabe.

Os cientistas presumem que nosso planeta já foi atingido por meteoros que lhe afetaram drasticamente a história. Mesmo que seja daqui a milhares de anos, a possibilidade de mais uma colisão com um corpo celeste estranho é bem real.

Se há algum meteoro em rota de colisão conosco eu não sei, mas sei sem sombra de dúvida de outra coisa que está programada para interceptar a órbita da Terra. Está aí em algum lugar, movendo-se em direção ao nosso planeta com a velocidade da luz. Quando explodir em nossa área, mudará tudo que tivermos conhecido sobre nossa realidade.

Não sei quando deve chegar, mas com certeza está vindo, e a Bíblia se refere a sua vinda com palavras como "rapidamente", "repentinamente" e "breve". Que ente celeste é esse que vem em nossa direção? A resposta se resume a uma palavra: Glória. Este planeta está em rota de colisão inexorável, impossível de deter e irreversível, com a Glória de Deus.

NA ENTRADA DE CANAÃ

Deus profetizou nossa colisão com sua Glória, e o contexto de sua primeira declaração desse fato é muito fascinante. Ocorreu na época em que os filhos de Israel fizeram a jornada do Sinai até a fronteira de Canaã e enviaram doze homens para espiar a terra e trazer um relatório. Dois dos espias (Calebe e Josué) trouxeram boas notícias ao povo dizendo: "Subamos e tomemos posse da terra. É certo que venceremos" (Números 13.30).

Este planeta está em rota de
colisão inexorável, impossível de deter
e irreversível, com a Glória de Deus.

Os outros dez fizeram um relatório com más notícias, dizendo: "'Não podemos atacar aquele povo; é mais forte do que nós'. E espalharam entre os israelitas um relatório negativo acerca daquela terra. Disseram: 'A terra para a qual fomos em missão de reconhecimento devora os que nela vivem. Todos os que vimos são de grande estatura. Vimos também os gigantes, os descendentes de Enaque, diante de quem parecíamos gafanhotos, a nós e a eles'" (Números 13.31-33).

Em reação a essa má notícia, toda a congregação ergueu a voz e chorou. O povo reclamou de Moisés e Arão, do próprio Deus e depois falou em escolher um líder que os levasse de volta ao Egito.

Quando Josué e Calebe tentaram chamar o povo à sensatez, toda a congregação exigiu que os apedrejassem. Foi nesse ponto que "a glória do Senhor apareceu a todos os israelitas na Tenda do Encontro" (Números 14.10). Sabemos por outros trechos que a aparição da Glória de Deus se dava por meio de uma nuvem. Nessa ocasião, a Glória do Senhor apareceu ao povo, não como sinal de bênção e graça, mas como prenúncio da ira iminente. Em outras palavras, essa manifestação da Glória de Deus foi um maciço "sistema de alerta de antecedência" avisando o povo que ia haver problema para eles.

A INDIGNAÇÃO SANTA DE DEUS

Deus ficou tão irado que disse a Moisés: "Eu os ferirei com praga e os destruirei, mas farei de você uma nação maior e mais forte do que eles" (Números 14.12). Deus estava disposto a descartar mais de quinhentos anos de investimento na linhagem de Abraão e começar tudo de novo com Moisés. Era uma oferta sólida. Deus estava dizendo: "Moisés, vou fazer de você o cabeça da nação no lugar de Abraão e vou fazer uma obra melhor com seus descendentes do que fiz com os dele". Eis por que Deus ficou tão irado. Ele lhes havia mostrado sua Glória, mas o povo ainda não cria. Deus disse: "'Até quando este povo me tratará com pouco caso? Até quando se recusará a crer em mim, apesar de todos os sinais que realizei entre eles?'" (Números 14.11).

O plano de Deus era simples:

"Primeiro, vou mostrar minha Glória *a* você".

"Depois, vou mostrar minha Glória à nação *por intermédio de* você".

O povo, porém, disse "não". Quando chegou o tempo de ser manifestada a Glória de Deus à terra por meio deles, eles se recusaram. Embora a Glória de Deus tenha chegado a eles, não conseguiram crer que ela poderia manifestar-se *por intermédio* deles. Já ouviu algo parecido? A Glória de Deus pode vir até nós, mas temos dificuldade de acreditar que ela possa se manifestar por nosso intermédio. Então, em sua ira pela incredulidade do povo, Deus falou em destruir a todos eles.

Moisés interveio rapidamente e começou a interceder pelo povo. Ele disse ao Senhor que, se ele se desfizesse do povo, ia ficar com má fama entre os pagãos. Moisés orou: "Se exterminares este povo, as nações que ouvirem falar do que fizeste dirão: 'O Senhor não conseguiu levar esse povo à terra que lhes prometeu em juramento; por isso os matou no deserto'" (Números 14.15-16). Moisés pediu que o Senhor fosse misericordioso e perdoasse o povo.

O JURAMENTO DE DEUS

Agora veja a resposta de Deus: "Tornou-lhe o SENHOR: Segundo a tua palavra, eu lhe perdoei. Porém, tão certo como eu vivo, e como toda a terra se encherá da glória do SENHOR..." (Números 14. 20-21)[1]. Em outras palavras, Deus estava dizendo: "Tudo bem, Moisés, eu perdoo o povo desta vez. No entanto..." – e então confirma suas palavras com um juramento. Pela primeira vez nas Escrituras Deus menciona o juramento "tão certo como eu vivo". "Tão certo como eu vivo, e como toda a terra se encherá da glória do SENHOR." Deus está sublinhando sua sólida determinação sobre o assunto. Absolutamente nada dissuadiria nem abrandaria a determinação de Deus.

Em outras palavras, Deus está dizendo: "Se esse povo não quer ser canal da minha Glória, tudo bem, eu lhe perdoo. Mas não se engane, Moisés. *Vai acontecer!* Minha Glória virá sobre a Terra; eu juro. E não apenas virá, mas também *encherá* toda a Terra!". Senhoras e senhores, a Glória de

---
1 Almeida revista e atualizada.

Deus está chegando! Trata-se de uma realidade inevitável que vai inundar o planeta Terra. Não podemos evitá-la nem fugir dela. A Glória está chegando!

> A Glória de Deus está chegando!
> Trata-se de uma realidade inevitável
> que vai inundar o planeta Terra.

Deus não consegue se cansar de falar do decreto de seu coração. Essa certeza está firmada no céu para sempre. Deus está decidido de maneira irrevogável a impregnar toda a Terra com sua Glória. Quer estejamos preparados, quer não, ela vem. Promessa.

Um breve panorama

O que é a Glória de Deus?

Como será quando ela chegar?

Como podemos nos preparar para essa Glória?

É possível impedir ou ajudar a Glória vindoura?

Todas essas são questões de que trataremos nas páginas a seguir. Nós fomos criados com um anseio profundo pela Glória. O espírito humano, vivificado pelo Espírito de Deus, deseja ardentemente a plenitude da Glória de Deus aqui e agora. Espero confirmar e alimentar esse desejo. Minha oração é que, por meio das reflexões que Deus fez arder em meu coração, você possa ser despertado para a beleza da face de Cristo e se encha da segurança da certa visitação dele em sua vida, na Igreja e na vida das pessoas com quem você convive. Que a Glória de Deus venha sobre você!

Capítulo 2

DEFINIÇÃO DE GLÓRIA

A palavra "glória", conforme empregada nas Escrituras, é um termo um tanto difícil de definir de modo sucinto. Assim, a primeira pergunta óbvia é: "O que se quer dizer com 'glória'?" ou "O que é a glória de Deus?". É uma pergunta importante que precisa ser respondida antes de seguirmos adiante.

Glória é por natureza um conceito bem vago e etéreo que muitos têm dificuldade de compreender com clareza. A tarefa de definir "glória" se complica ainda mais pelo fato de ser um termo empregado de várias maneiras nas Escrituras Sagradas. Antes de explicar o que quero dizer com "glória", desejo distinguir o que *não* quero dizer quando emprego essa palavra.

Este livro breve mal pode começar o trabalho de esgotar a vastidão do tema da glória de Deus, por isso vamos nos concentrar apenas num aspecto da glória. Neste capítulo, eu gostaria de examinar os vários modos com que se emprega a palavra "glória" nas Escrituras e, em seguida, identificar o uso preciso de "glória" a que se dedica este livro.

Em primeiro lugar, vamos observar os vários usos do termo "glória" na Bíblia que não são considerados aqui. No final do capítulo, virá a definição de "glória" que vamos seguir estudando. Desse modo, vejamos os vários empregos da palavra "glória" na Bíblia.[2]

"Glória" como verbo

Quando "glória" aparece empregada como verbo, tem um significado bem diferente de suas ocorrências como substantivo.[3] O verbo "gloriar" transmite dois sentidos gerais no seu emprego na Bíblia.

1. Gloriar: "ter prazer em"; "agradar-se de"

As Escrituras nos exortam: "Gloriai-vos no seu santo nome" (Salmos 105.3). Neste exemplo e noutros semelhantes, a palavra "glória" significa "agradar-se de; festejar em; ter prazer em". Nesse sentido da palavra, pode-se dizer que o pai ou a mãe se gloria nos filhos ao vê-los brincar. Os membros da família se agradam uns dos outros e têm prazer uns nos outros ao se observarem sendo eles mesmos. De modo semelhante, quando nos gloriamos no nome santo de Deus, estamos nos agradando e tendo prazer nele.

2. Gloriar: "envaidecer-se" ou "orgulhar-se"

Quando penso em "gloriar" ou "glorificar" no sentido de envaidecer-se ou de orgulhar-se de algo, tenho em mente o orgulho das comemorações de uma equipe esportiva que acabou de vencer um torneio importante. Pode-se dizer que o time se gloria de sua vitória. Este significado da palavra "glória" se encontra em muitos versículos, mas vou citar aqui apenas dois.

"Aquele, porém, que se gloria, glorie-se no Senhor" (2 Coríntios 10.17).

"Não se glorie o sábio na sua sabedoria, nem se glorie o forte na sua força; não se glorie o rico nas suas riquezas. Mas o que se gloriar, glorie-se nisto: em me entender e me conhecer" (Jeremias 9.23-24a).

---

2   Observação: as definições utilizadas neste capítulo são do autor.
3   Para os objetivos deste livro, vou escrever "Glória" com inicial maiúscula quando se tratar do substantivo, e "glória" com inicial minúscula quando se tratar do verbo.

Esses versículos afirmam que nosso único motivo de orgulho é conhecer a Deus. Nós nos gloriamos (temos orgulho) em Deus.

Esses são dois sentidos gerais de "glória" como verbo. Apesar de aparecer muitas vezes como verbo na Bíblia, não estamos estudando neste livro esses empregos da palavra "glória". Vamos ver agora o substantivo "Glória".

"GLÓRIA" COMO SUBSTANTIVO

Encontra-se a palavra "Glória" empregada como substantivo de quatro modos diferentes nas Escrituras. Vamos examinar apenas brevemente os três primeiros e em seguida dedicar o restante do livro à quarta variação de "Glória".

1. Glória: "honra; reputação; dignidade; louvor".

O substantivo "Glória" é empregado para definir a dignidade e a honra tanto de homens quanto de Deus. Existe uma Glória do homem e existe a Glória de Deus. A seguir, alguns exemplos que ilustram esse emprego na Bíblia.

a. A Glória do homem:

- "Desperta, glória minha; despertai, saltério e harpa; eu mesmo despertarei ao romper da alva" (Salmos 58.8). (Davi está convocando a dignidade/honra que Deus lhe deu a se levantar para ele dar Glória a Deus com a Glória com que ele próprio foi coroado.)
- "Pois pouco menor o [o homem] fizeste do que os anjos, e de glória e de honra o coroaste" (Salmos 8.5). (Ao criar o homem à sua imagem, Deus investiu nele um aspecto de profunda dignidade, que ultrapassa de longe o de qualquer outra criatura da terra.)

b. A Glória de Deus (este é um dos usos mais comuns do substantivo "Glória" na Bíblia e se refere à honra, ao louvor e à reputação do próprio Deus):

- "'Eu sou o Senhor; esse é o meu nome! Não darei a outro a minha glória nem a imagens o meu louvor'" (Isaías 42.8). (Deus não divide com nada nem ninguém mais a honra e a reputação de seu nome.)
- "Deem ao Senhor, ó famílias das nações, deem ao Senhor glória e força" (1 Crônicas 16. 28). (Aqui, dar Glória a Deus significa dar-lhe louvor e honra pela excelência de seu ser.)
- "E proclamavam uns aos outros: 'Santo, santo, santo é o Senhor dos Exércitos, a terra inteira está cheia da sua glória'" (Isaías 6.3). (A Terra está cheia de beleza natural que declara a Deus honra e louvor sem cessar. Há uma importante diferença a fazer aqui, pois a Terra está cheia da Glória de Deus em termos de honra e louvor a ele; mas a Terra ainda *não* está cheia da Glória de Deus no sentido que vamos definir no item 4 a seguir.)

2. Glória: "Dom de bênção, poder e vida".

Em alguns casos, "Glória" é empregada para definir o extraordinário poder de Deus. De acordo com este segundo sentido de Glória, vou indicar dois versículos em que ela é empregada para falar do poder do qual Deus nos enche. Na verdade, "Glória" poderia praticamente ser traduzida por "poder" nesses versículos, pelo modo que é empregada.

- "Aí sim, a sua luz irromperá como a alvorada, e prontamente surgirá a sua cura; a sua retidão irá adiante de você, e a glória do Senhor estará na sua retaguarda" (Isaías 58.8). (A Glória de Deus é definida como o poder que protege o povo de Deus.)
- "Dei-lhes a glória que me deste, para que eles sejam um, assim como nós somos um" (João 17.22). (Jesus disse que nos deu sua Glória como um poder capacitador para produzir verdadeira unidade entre os crentes.)

3. Glória: "O aspecto celestial em que a magnitude da pessoa de Deus se irradia por todos os céus".

Nesse terceiro emprego de "Glória", a palavra tem sentido praticamente intercambiável com o de nossa palavra "céu". O povo de Deus está destinado para a Glória – isto é, o céu. O céu é um lugar de Glória. A Glória do céu tem origem na própria pessoa de Deus. Assim como o nosso sol irradia energia e luz, Deus transborda e difunde Glória. Deus é um fogo ardente tão intenso, tão vívido e tão vigoroso que a irradiação de sua pessoa se chama Glória. A Glória impregna e sustém os céus. Ela é o ar dos céus. A realidade da Glória de Deus nos céus é mais real que o lugar em que você está sentado agora. Glória divina é a realidade suprema. É a manifestação tangível do esplendor e da beleza infinitos da face maravilhosa de Deus.

A seguir, três textos bíblicos (entre muitos) que se referem a esse tipo de Glória:

- "Tu me guias com o teu conselho e depois me recebes na glória" (Salmos 73.24).
- "Como o aspecto do arco que aparece na nuvem em dia de chuva, assim era o resplendor em redor. Esta era a aparência da glória do SENHOR; vendo isto, caí com o rosto em terra e ouvi a voz de quem falava" (Ezequiel 1. 28).
- "Não há dúvida de que é grande o mistério da piedade: Deus foi manifestado em corpo, justificado no Espírito, visto pelos anjos, pregado entre as nações, crido no mundo, recebido na glória" (1 Timóteo 3. 16).

Vamos agora para o quarto emprego escriturístico de Glória como substantivo.

4. Glória: "A invasão da realidade de Deus na esfera humana".

Esta última diferenciação é o tema deste livro. Empregada na Bíblia com este último sentido, "Glória" define a ação de Deus pela qual ele toma sua

Glória, que existe desde a eternidade no céu, faz com que ela passe através do véu que separa a realidade natural da espiritual e revela nos parâmetros de nosso tempo e espaço o esplendor de sua grandiosa beleza.

Empregada na Bíblia com este último sentido,
"Glória" define a ação de Deus pela qual ele toma
sua Glória, que existe desde a eternidade no céu,
faz com que ela passe através do véu que separa a
realidade natural da espiritual e revela nos parâmetros
de nosso tempo e espaço o esplendor
de sua grandiosa beleza.

Está chegando o tempo em que a Glória dos céus invadirá nosso plano natural e a humanidade será despertada abruptamente para o poder e a força da presença de Deus. Os versículos a seguir indicam essa revelação da Glória.

- "E a terra se encherá do conhecimento da glória do Senhor, como as águas enchem o mar" (Habacuque 2.14).
- "'Farei tremer todas as nações, que trarão para cá os seus tesouros, e encherei este templo de glória', diz o Senhor dos Exércitos" (Ageu 2.7).
- "Voz do que clama no deserto: Preparai o caminho do SENHOR; endireitai no ermo vereda a nosso Deus. Todo vale será aterrado, e nivelados, todos os montes e outeiros; o que é tortuoso será retificado, e os lugares escabrosos, aplanados" (Isaías 40.3, 5).

Acompanhe comigo a observação deste último aspecto da Glória – a invasão da realidade de Deus na esfera humana.

Capítulo 3

PREPARAÇÃO PARA A GLÓRIA

A Glória de Deus está prestes a invadir nosso planeta. E a verdade é que nós não estamos plenamente preparados para a Glória. Não temos a mínima ideia do que vai acontecer quando ela chegar, por isso não percebemos o quanto na verdade estamos despreparados.

Contudo, Deus está comprometido em nos preparar para a Glória. O povo não estava pronto para a Glória divina quando Jesus veio há mais de dois mil anos, por isso Deus enviou João Batista como precursor de Cristo para preparar o caminho. Do mesmo modo, Deus prometeu enviar Elias mais uma vez a fim de preparar a geração dos últimos tempos para o grandioso derramamento final de sua Glória (Marcos 9.12).

Isaías referiu-se ao ministério de João mostrando que ele ia preparar o povo. Essas mesmas verdades se aplicam a nós nos dias de hoje, à medida que procuramos preparar nosso coração para a Glória de Deus.

"Voz do que clama no deserto: Preparai o caminho do SENHOR; endireitai no ermo vereda a nosso Deus. Todo vale será aterrado, e nivelados, todos os montes e outeiros; o que é tortuoso será retificado, e os lugares escabrosos, aplanados" (Isaías 40.3-5).

Essa passagem relata como Deus prepara seu povo para a Glória. Ele constrói uma estrada no coração do seu povo preenchendo os vales, abaixando os lugares altos, endireitando os lugares tortuosos e suavizando os lugares ásperos. Deus realiza todas essas operações no coração humano para nos preparar para sua visitação. Vamos analisar cada sentença separadamente.

"Voz do que clama no deserto"
Deus levou João para o deserto a fim de treinar a voz dele (sua mensagem). O princípio ainda é o mesmo: é preciso ir para o deserto para ter voz. Aqueles que desejam ter voz podem ir para o seminário teológico, mas não é aí que se ganha voz. Os seminários produzem ecos (aqueles que podem fazer repercutir as muitas vozes do que descobriram e juntaram). João Batista teve de ir para o deserto para ter sua voz. Manifestar a voz exige a solidão e o abandono do deserto.

Deus levará alguns de seus servos para o deserto neste momento a fim de prepará-los com uma mensagem para esta geração. Ele lhes dará uma mensagem que vai ajudar a Igreja a se preparar para a Glória. Esses servos serão os porta-vozes do coração de Deus para sua noiva dos últimos tempos.

Pode parecer meio sensacional – ser uma voz com uma mensagem que prepara o povo de Deus para a Glória. Para receber essa mensagem, porém, é preciso um grau incomum de consagração aos propósitos de Deus enquanto ele os guia pelo deserto.

Deserto é, por definição, um lugar habitado por pouca gente, sobretudo porque as condições não são propícias para o modo de vida diário da maioria das pessoas. Trata-se, portanto, de um lugar de solidão, de confinamento imposto, sem nenhuma comodidade, um lugar de ostracismo, onde o ambiente é inóspito. É o lugar em que Deus se encontra com seu servo ou sua serva. É a reunião de apenas duas pessoas para se realizar uma profunda formação espiritual. É onde Deus dá à pessoa uma mensagem formada com base na vida dela, e não em sua biblioteca.

João Batista não teve nenhum mentor. Assim como Elias também não teve. Abraão, Jacó, José, Moisés, Noemi, Davi e Paulo tampouco tiveram mentor para esse tipo de experiência. O deserto precisa ser vivido pelo indivíduo sozinho. O texto diz voz daquele "que". Isso quer dizer: ninguém mais a não ser a pessoa e Deus. Deus planeja o deserto de modo tal que ninguém possa orientar esse indivíduo que por ali caminha. Aqueles que recebem a incumbência de transmitir uma mensagem para uma geração não encontram essa mensagem numa relação de orientador e orientado, mas sim na solidão do ermo.

Para dar voz a alguém, Deus precisa primeiro silenciar todas as outras vozes. Há um tempo para estudar, ler e colecionar as muitas vozes, mas depois vem o tempo em que se põem os livros de lado e o indivíduo se encontra sozinho com seu Deus. Começa a ser moldado tão somente pela Palavra e pelo Espírito, nada mais.

A jornada é longa e árdua. É por isso que o texto diz "voz do que 'clama'". Clamor é uma súplica. A própria solidão é uma das fontes de sofrimento. É através da provação do deserto, acompanhada de lágrimas, que nasce um clamor profundo no coração, impossível de ser calado pela resistência. A intimidação dos fariseus não pode silenciar os lábios dessa pessoa. Ainda que a mensagem seja polêmica, o clamor constrange os homens a parar e ouvir. A mensagem é um convite ao arrependimento, que prepara o caminho para a glória de Deus.

O que diz a voz?

É através da provação do deserto, acompanhada
de lágrimas, que nasce um clamor profundo no coração,
impossível de ser calado pela resistência.

"Preparai o caminho do Senhor"
A voz clama: "Prepare-se – o Senhor da Glória está vindo!". Mas o que é preciso fazer para se preparar? Uma das primeiras coisas sobre o coração de Deus é que cheguemos a conhecer "o caminho do Senhor".

Deus sempre é coerente e verdadeiro em seu caminho. Ele opera somente através do homem, mas exige que tudo seja feito do seu modo. Os que tentam fazer os negócios do reino à sua própria maneira logo descobrem que Deus não faz mais negócio com eles. Deus se recusa a agir unilateralmente, sem o homem, pois isso violaria seu plano para a participação do homem. Entretanto, ele espera até que o homem se amolde a seu jeito para trabalhar com ele.

Visto que os caminhos de Deus são muito mais elevados que os nossos (Isaías 55.9), Deus precisa produzir enorme energia para nos alinhar com seus caminhos. Por isso, o deserto. O deserto é o meio de Deus nos despertar para a beleza e a maravilha de seus caminhos. Deus levou João Batista para o deserto não apenas para lhe dar voz, mas também para moldar os caminhos dele aos seus caminhos, de modo que a mensagem não transija com as iniquidades (os defeitos ocultos) do mensageiro.

Quando os portadores de uma mensagem precursora surgem do deserto no tempo de Deus, eles ajudam o povo de Deus a se harmonizar com os caminhos Dele e a predizer a vinda de Sua Glória.

"ENDIREITAI NO ERMO UMA VEREDA A NOSSO DEUS"

Deus gosta de viajar no deserto (ver Cântico dos Cânticos 3). É no deserto que os empecilhos humanos aos propósitos divinos morrem de fome. Refiro-me com isso aos expedientes humanos que atacam naturalmente as operações do reino quando os tempos são bons. Expedientes que pareciam adequados em épocas melhores se mostram impotentes na estação seca. Os tempos mais áridos fazem com que os mecanismos humanos murchem e morram, assim o deserto passa a ser o melhor canal para a visitação de Deus.

A palavra hebraica para "endireitar" nessa oração significa "ser reto, justo, agradável, bom". A mesma palavra (*yashar*) é traduzida em português pelo verbo "endireitar" em Provérbios 3.5-6: "Confia no SENHOR de todo o teu coração e não te estribes no teu próprio entendimento. Reconhece-o em todos os teus caminhos, e ele *endireitará* as tuas veredas". Em outras palavras, Deus vai "pôr em ordem" o caminho de seus servos dedicados que confiam nele.

O inimigo está constantemente procurando entortar os retos caminhos do Senhor na tentativa de impedir o fluxo livre da Glória. Certa ocasião, Elimas, um mago, tentou impedir o avanço do reino torcendo a verdade. É por isso que Paulo o repreendeu: "Filho do diabo e inimigo de tudo o que é justo!" [...] Quando é que vai parar de perverter os retos caminhos do Senhor?" (Atos 13.10).

Para Deus é muito importante que seus servos reflitam seus caminhos fielmente para os outros e saibam discernir quando seus caminhos estão sendo violados. É possível proferir palavras certas de forma errada de modo que os caminhos de Deus sejam mal representados. Deus anela ciosamente que seu coração apaixonado pela humanidade seja transmitido corretamente às pessoas. Precisamos falar de maneira correta dos caminhos de Deus se quisermos ser visitados pela Glória dele. Deixe-me contar um incidente que torna essa verdade bem particular para mim.

Durante anos lutei com uma enfermidade física persistente, buscando o Senhor e pedindo a cura fervorosamente. Certa ocasião, alguém me disse: "Bob, mesmo que você jamais seja curado nesta vida, essa doença terá valido a pena pelo que ela produziu em você". Quando orei sobre essa declaração, pensei na mensagem: "Não perverta os retos caminhos do Senhor". Porque os caminhos retos de Deus são assim: ele fere, mas depois faz um curativo; mata, mas depois ressuscita; prende, mas depois liberta seus prisioneiros. Por isso, eu estou comprometido a declarar os retos caminhos do Senhor porque estou ansioso pela visitação de sua Glória. O caminho reto do Senhor é este: Deus não somente me transformou profundamente nesse cadinho de aflição, mas ele também vai me livrar no seu tempo e a seu modo. Quando Deus prende algum de seus servos numa fornalha de aflição com o objetivo de formar o caráter, seu propósito mais elevado é libertar o prisioneiro na plenitude do tempo da libertação e da produtividade aumentada.

Se Deus o trouxe para o deserto, a intenção do coração dele para o seu deserto é que a estrada da santidade se construa no seu coração e sobre ela ele possa caminhar quando vier até você com o poder libertador. Estou convencido de que esse é o caminho reto do Senhor. E não importa em que grau meu entendimento do caminho dele esteja errado, eu desejo fervorosamente que o Senhor endireite cada aspecto torto que reste no meu coração e no meu entendimento.

"Todo vale será aterrado"

A fim de nos preparar para a Glória, Deus em primeiro lugar aterra os vales de nossa vida. Isso diz respeito aos lugares baixos de nosso coração que precisam ser preenchidos com confiança em Deus.

É absolutamente emocionante quando o Espírito Santo corre a corrigir nossas impropriedades, inseguranças e fraquezas. "Não posso" se transforma em "posso todas as coisas por meio de Cristo, que me fortalece". A incredulidade não pode mais ser um cânion entre nós, engolindo o futuro abençoado dos escolhidos de Deus. O vale da incredulidade tem de ser submetido ao preenchimento da fé pelo poder do Espírito Santo. Deus é por nós!

Sinto-me muito desafiado pelo testemunho de Abraão nas Escrituras, de que ele "sem se enfraquecer na fé, reconheceu que o seu corpo já estava sem vitalidade, pois já contava cerca de cem anos de idade, e que também o ventre de Sara já estava sem vitalidade" (Romanos 4.19). Embora seu corpo estivesse morto no aspecto reprodutivo (assim como o de Sara), ele não pensou nisso. Creu que Deus cumpriria sua promessa de lhe dar um filho homem, confiando que Ele é capaz de cumprir a promessa. Tomei esse testemunho como incentivo pessoal para dizer a Deus: "Senhor, vou fazer qualquer coisa que quiser que eu faça. Mesmo que meu corpo esteja incapacitado de fazer, não vou pensar nele. Não vou considerar minhas incapacidades, deficiências nem minha impotência. Vou obedecer à sua palavra!".

"Senhor, vou fazer qualquer coisa que quiser que eu faça. Mesmo que meu corpo esteja incapacitado de fazer, não vou pensar nele. Não vou considerar minhas incapacidades, deficiências nem minha impotência. Vou obedecer à sua palavra!".

A expressão "todo vale" também diz respeito ao que é desprezado aos olhos dos homens, principalmente os dos sistemas religiosos estabelecidos. Deus se agrada de transmitir sua Glória por meios desprezados pelos sistemas religiosos. Ele chega às coisas fracas e desprezadas e as dignifica com sua Glória.

Antes de chegar a Glória, a Igreja terá de elevar e valorizar aquilo que o mundo despreza, como sobriedade, castidade, beleza interior, pureza, humildade, boa vontade para servir e disposição para ficar em segundo plano. São esses os valores que o Espírito Santo está exaltando neste momento.

"E [SERÃO] NIVELADOS, TODOS OS MONTES E OUTEIROS"

Nada é mais glorioso do que Deus preencher os vales – e nada é mais doloroso do que Deus nivelar os montes. "Todos os montes" diz respeito a tudo quanto é exaltado em sua vida, e que Deus abomina, como orgulho, segundas intenções, ambições pessoais, autopromoção, confiança em si mesmo, rebeldia, espírito de competição, entre outros. Deus detesta orações floreadas, muita promoção e estilo de liderança personalista, atitudes que fazem o povo de Deus se encantar com o mensageiro, e não com quem o enviou.

Uma das revelações mais tristes que recebi foi aquela em que Deus me mostrou que eu, como pastor, tinha tomado decisões com base no meu desejo egoísta de construir o meu próprio ministério. Eu achava que meus motivos eram puros, mas Deus lançou fogo suficiente em minha vida para revelar intenções secretas no meu coração que eu nem sequer sabia que existiam. De repente, percebi o quanto um desejo insidioso de cultivar um ministério poderoso me havia feito agir com espírito de ambição e competitividade em relação às outras igrejas pregadoras do evangelho de nossa comunidade. Mesmo que esse elemento ambicioso fosse apenas um minúsculo fragmento da motivação mais pura, ainda se aplica a declaração de que um pouco de fermento leveda toda a massa. A mais insignificante partícula de ambição é capaz de macular um ministério inteiro. Deus alvejou essa ambição desastrosa em minha alma mostrando-a para mim em primeiro lugar e fazendo-me confessar em seguida aos pastores da minha comunidade. Ter pedido àqueles pastores que orassem por mim teve um papel muito importante na terraplanagem daquela montanha de orgulho.

"Todos os montes" também pode se referir aos ministérios preeminentes, admirados pelo homem, mas que Deus derrubará por causa dos alicerces defeituosos. Deus está disciplinando os ministérios que atuam pela criatividade humana e iniciativa orientada por talentos em vez da obediência submissa à voz do Espírito.

"Todos os montes" pode ainda se referir a fortalezas demoníacas, ideologia sociológica e obstáculos naturais que se opõem ao avanço de nosso glorioso evangelho. Tudo quanto é elevado e se exalta contra o conhecimento de Cristo deve ser posto abaixo a fim de que a glória de Deus visite este planeta.

"O QUE É TORTUOSO SERÁ RETIFICADO"

Tortuosos são os pontos de nosso entendimento e modo de agir que *julgamos* ser retos, mas perante Deus não são. João tratou desse mal quando se referiu aos fariseus e líderes religiosos de seu tempo como "raça de víboras". As serpentes acham que estão se dirigindo em linha reta para seu alvo, mas na verdade elas se movem sinuosamente o tempo todo. É impossível a víbora se deslocar em linha reta, seu caminho é tortuoso por natureza.

Ao chamar aquelas pessoas de "víboras", João estava tentando endireitar os lugares tortuosos. O povo tinha sido condicionado pelas víboras a andar por caminhos tortuosos. "João dizia às multidões que saíam para serem batizadas por ele: "Raça de víboras! Quem lhes deu a ideia de fugir da ira que se aproxima?" (Lucas 3.7).

As víboras fogem do fogo. Por isso Paulo foi picado por uma víbora quando tentou pôr lenha na fogueira (ver Atos 28.3). João chegou com uma mensagem de fogo, e as víboras correram. Em certo sentido,

João também foi picado por víboras, uma mordida que o levou à morte. Às vezes esse é o custo de ser um precursor. Pode ser perigoso combater o que é tortuoso.

"O que é tortuoso" também pode se referir aos segredos pecaminosos que estamos abrigando sem que ninguém mais além de Deus possa enxergar. Estou pensando no aspecto da transigência moral, inclusive transações financeiras antiéticas e declaração de imposto de renda ligeiramente falsa. Talvez isso fique escondido por um tempo, mas virá o momento em que Deus dirá: "Chega". Ele vai expor tudo que é tortuoso. Ou nós tratamos particularmente dos aspectos tortuosos do nosso coração, ou Deus tratará deles publicamente. De um jeito ou de outro, é essencial endireitar esses aspectos para podermos receber a visitação de Deus.

"E OS LUGARES ESCABROSOS, APLANADOS"

Antes de tudo, essa frase diz respeito aos atributos escabrosos e contraproducentes para o reino. Todos nós temos "aspectos escabrosos" na vida que não conseguimos mudar por nossas próprias forças. Como exemplos, podem-se mencionar o egoísmo, a ira, a disposição para criticar e de tentar nos justificar. Não podemos nos arrepender dessas atitudes enquanto Deus não as mostra para nós. Somos completamente dependentes da ajuda do Senhor para suavizar esses aspectos de nossa vida. Quando ele nos prova com seu fogo purificador, é absolutamente essencial reagirmos a seu tratamento para poder ver sua Glória.

Esse é um dos motivos por que Deus é duro e insiste com firmeza que nos relacionemos íntima e vitalmente com o corpo de Cristo. Quando entramos em contato com outros membros da Igreja e a vida deles se atrita contra nós, é como "ferro afiando ferro". Deus usa outras pessoas para lixar e alisar nossos pontos ásperos. Esse processo é absolutamente essencial porque somente as pedras lisas vão deixar marcas na testa do gigante.

Eu também gostaria de aplicar essa frase, "e os lugares escabrosos, aplanados", ao papel que nossa adoração congregacional cumpre para nos levar à Glória. O objetivo geral da adoração coletiva é que sejamos conduzidos juntos à própria Glória de Deus. Para chegar à Glória, entretanto, "os lugares escabrosos" têm de ser "suavizados". O que isso significa para nós?

Para responder a essa pergunta, vou me referir à ocasião em que Davi trouxe a arca da aliança da casa de Abinadabe (2 Samuel 6). A seguir, a essência da história:

> Puseram a arca de Deus num carroção novo e a levaram da casa de Abinadabe, na colina. Uzá e Aiô, filhos de Abinadabe, conduziam o carroção com a arca de Deus; e Aiô andava na frente dela. Davi e todos os israelitas iam cantando e dançando perante o Senhor, ao som de todo o tipo de instrumentos de pinho, harpas, liras, tamborins, chocalhos e címbalos. Quando chegaram à eira de Nacom, Uzá esticou o braço e segurou a arca de Deus, porque os bois haviam tropeçado. A ira do Senhor acendeu-se contra Uzá por seu ato de irreverência. Por isso Deus o feriu, e ele morreu ali mesmo, ao lado da arca de Deus (2 Samuel 6.3-7).

A arca representa a presença de Deus. Davi não consultou Deus quanto à devida ordem de transportar a arca, por isso a ira de Deus se fez sentir. Davi aprendeu que não se pode carregar a presença de Deus (a arca) numa carroça e esperar a Glória.

A arca representa a tendência humana de automatizar o caminho para a Glória. Nós tentamos "prover energia" aos nossos cultos para a Glória. Desse modo, aumentamos o som dos microfones, aceleramos o andamento e cantamos as músicas a um tom mais alto, todos batem palmas e gritam ao mesmo tempo, e achamos que esse é o meio de atingir a Glória.

O que é suave para nós é áspero para Deus.

A carroça pareceu suave para Davi, porque era fácil, mas para Deus ela era instável. A viagem naquele veículo bambo sobre pedras e montículos fez com que a arca fosse balançada na carroça. Na linguagem de hoje, posso imaginar Deus dizendo: "Pare de me sacudir por aí".

O mandamento de Deus prescrevia que a arca fosse transportada sobre os ombros dos sacerdotes. Para estes, esse caminho seria acidentado. Eles iam sentir cada solavanco na estrada à medida que caminhassem um passo por vez. Mas Deus diria: "Não. Esse caminho pode ser acidentado para vocês, mas para mim ele é suave".

A mesma dinâmica ainda ocorre em nossos cultos de adoração hoje em dia. O que é suave para nós é acidentado para Deus; e o que é suave para Deus é acidentado para nós. Muitos dos nossos cultos "suaves" passam tranquilamente muito longe do Espírito Santo – uma síndrome muito comum que Deus define como "acidentada". E então, nesses momentos "de solavancos", em que não sabemos o que Deus está fazendo, em que estamos clamando a ele por orientação e ajuda, em que estamos ansiando por ele desesperadamente porque sua presença parece distante, Deus diz: "Agora sim, *isso* é suave! É assim que eu gosto, quando você está trêmulo de incerteza e desalento e se agarra a mim com santo desespero".

Os versículos mencionados anteriormente dizem por duas vezes que a arca estava sendo transportada da casa de Abinadabe, que ficava na "colina". Isso quer dizer que a carroça estava descendo uma ladeira. Não só as rodas ajudavam a movimentar a arca, mas também o declive fazia que a carroça acelerasse a descida. O Senhor, porém, não se impressionou com o ritmo acelerado e o ímpeto da reunião. Isso exemplifica para nós uma verdade poderosa: não devemos confundir o ímpeto da multidão com a atividade do Espírito Santo. Alguns cultos têm muito dinamismo externo, mas na verdade muito pouca atuação interior do Espírito Santo. Quando andamos depressa demais, ficamos presunçosos.

Não devemos confundir o ímpeto da
multidão com a atividade do Espírito Santo.

É fácil os líderes de louvor ficarem satisfeitos por conseguir mobilizar a congregação numa expressão de entusiasmo harmonizada e em clamoroso louvor, mas carecerem de discernimento para perceber a falta de profundidade espiritual que escora a atividade superficial. Em ocasiões como essas, é tentador confundir o ímpeto do ministério com a aprovação de Deus.

Deus está aplanando os lugares escabrosos invertendo nossos valores, minguando nossa satisfação com os "cultos suaves/planos" e nos reduzindo ao clamor desesperado pela realidade do reino – manifestações autênticas de seu poder e sua glória. O apego ao desespero e o tremor da incerteza nos parecem um caminho acidentado, mas eles são planos para Deus.

E por que Deus está aterrando os vales, nivelando os montes, retificando o que é tortuoso e aplanando o escabroso? Está fazendo tudo isso para que "a Glória do Senhor seja revelada". Não há nada que os céus, nem a Terra, nem o inferno possam fazer para detê-la. A Glória de Deus *vai ser* revelada na Terra!

Isaías prossegue dizendo que, quando vier essa Glória, "toda carne a verá", pois a boca do Senhor o disse". Acompanhe-me, por favor, e antes de chegarmos ao fim do livro voltaremos a esta verdade, pois um dos aspectos mais poderosos da Glória vindoura é que "*toda a carne a verá*".

Capítulo 4

QUANDO A PRESENÇA NÃO É SUFICIENTE

É bem comum ouvirmos as palavras "Glória" e "presença" usadas de forma intercambiável. Quer façamos referência à Glória de Deus, quer à presença de Deus, queremos dizer em essência a mesma coisa. Entretanto, não se trata de sinônimos. Neste capítulo, quero analisar a passagem em que Deus me ajudou a enxergar com muita clareza a diferença entre essas duas poderosas realidades.

Para compreender a história narrada em 1 Samuel 4, que quero lhe mostrar, precisamos concordar num único equivalente interpretativo: a arca da aliança no Antigo Testamento representava a presença de Deus. A arca era o lugar em que Deus habitava. O Senhor disse a Moisés: "Ali, sobre a tampa[4], no meio dos dois querubins que se encontram sobre a arca da aliança, eu me encontrarei com você e lhe darei todos os meus mandamentos destinados aos israelitas" (Êxodo 25.22). Quando Deus falou a Moisés, sua voz veio do espaço vazio escondido pelas asas dos querubins, imediatamente acima do propiciatório. Moisés podia apontar para uma região no espaço vazio e

---
4 Em outras versões, como Almeida revista e atualizada, por exemplo, lê-se "propiciatório".

dizer: "Deus está bem *ali* porque eu ouço sua voz vir desse lugar". Por isso a arca era considerada acertadamente a sede da presença divina.

A arca ficava no Lugar Santíssimo (ou Santo dos santos), o santuário mais recôndito do tabernáculo de Moisés, que ficava separado do Lugar Santo por um véu. A arca era a única peça do tabernáculo que ficava atrás do véu. Era tão intimamente associada à presença de Deus que o autor de Hebreus a chamou expressamente de arca da "Presença" ao escrever: "Temos esta esperança como âncora da alma, firme e segura, a qual adentra o santuário interior, por trás do véu" (Hebreus 6.19).[5]

Portanto, quando você pensar em "arca", pense em "Presença". Esse simples instrumento interpretativo vai revelar uma passagem que vamos ler juntos. Vamos observar a história em que o povo de Deus tinha a arca (a Presença) em seu meio, mas ela não foi suficiente para livrar os israelitas de seus inimigos.

A verdade sobre a qual quero falar neste capítulo foi na realidade o catalisador para eu escrever este livro. Um dia eu estava no lugar secreto e, quando meditava no relato de 1 Samuel 4, o Senhor me descortinou uma verdade que continua se desenvolvendo e crescendo no meu coração. Esse relato é o registro histórico da ocasião em que a arca foi capturada pelos filisteus, episódio depois do qual a nora de Eli exclama a clássica frase: "A glória se foi de Israel!" (1 Samuel 4.21).

Agora eu o convido a ler todo o capítulo de 1 Samuel 4, mas, para os propósitos de nosso estudo, analisaremos a história em partes. Vamos aos quatro primeiros versículos.

"Chuva de ideias"

> Os filisteus dispuseram suas forças em linha para enfrentar Israel, e, intensificando-se o combate, Israel foi derrotado pelos filisteus, que mataram cerca de quatro mil deles no campo de batalha. Quando os

---
5   Isso se refere ao texto original do autor, em inglês, e a versão que ele cita é a New King James. Nessa versão, onde nas nossas se lê "santuário interior", lê-se "Presença".

soldados voltaram ao acampamento, as autoridades de Israel perguntaram: "Por que o Senhor deixou que os filisteus nos derrotassem? Vamos a Siló buscar a arca da aliança do Senhor, para que ele vá conosco e nos salve das mãos de nossos inimigos". Então mandaram trazer de Siló a arca da aliança do Senhor dos Exércitos, que tem o seu trono entre os querubins. E os dois filhos de Eli, Hofni e Fineias, acompanharam a arca da aliança de Deus. Quando a arca da aliança do Senhor entrou no acampamento, todos os israelitas gritaram tão alto que o chão estremeceu (1 Samuel 4.1-4).

Nossa história começa no ambiente de uma derrota. Israel acabara de perder uma batalha para os filisteus, e quatro mil guerreiros haviam morrido. Agora a nação estava tentando descobrir por que Deus não tinha abençoado o empreendimento deles e por que perderam a batalha.

A palavra do Senhor estava com Samuel, mas a nação não estava preparada para seguir a liderança espiritual desse jovem profeta. Israel vinha sendo dirigida por um grupo colegiado de anciãos (o primeiro problema), em vez do homem que tinha a palavra do Senhor. No momento de crise, essa comissão não teve o discernimento necessário para buscar o coração de Deus e traçar a estratégia certa. Fizeram a pergunta correta: "Por que o Senhor deixou que os filisteus nos derrotassem?", mas se saíram com uma solução errada: "Vamos a Siló buscar a arca da aliança do Senhor, para que ele vá conosco e nos salve das mãos de nossos inimigos".

Em vez de falar com Deus,
eles conversaram entre si.

Em vez de falar com Deus, eles conversaram entre si. Dá para imaginar os anciãos fazendo uma sessão de chuva de ideias (*brainstorming*) para saber o próximo passo que dariam. O moderador pergunta: "O que vamos fazer?". Alguns respondem isso; outros, aquilo.

Então, um dos anciãos toma a palavra: "Ouçam, senhores, eu tenho uma ideia! Lembram-se de quando Josué trouxe a arca para Jericó, eles a carregaram para a batalha, gritaram bem alto e os muros vieram abaixo? Que tal se nós tentarmos fazer isso? Quem sabe, se levarmos a arca à batalha, Deus também nos dê a vitória sobre nossos inimigos".

Alguém deve ter respondido: "Excelente ideia! Se levarmos a Presença de Deus à batalha, não há meio de perdermos. Levando a arca para o campo de batalha, estaremos levando Deus conosco! Ter Deus do nosso lado na batalha é uma garantia segura de que não vamos ser derrotados".

Alguém fez uma proposta: "Eu proponho que façamos o reconhecimento do terreno, reunamos e retiremos o exército e vamos buscar a arca em Siló, e que os sacerdotes carreguem conosco a arca na batalha, e avancemos sobre os filisteus!".

Outro disse: "Eu apoio a proposta".

O moderador perguntou se o plenário queria discutir a proposta. Passaram um tempo trocando ideias, acertaram os detalhes da estratégia e em seguida a proposta foi submetida ao voto. "Os favoráveis digam 'sim'".

"Sim", respondeu o coro de vozes.

"Contrários digam 'não'".

Silêncio.

"A proposta foi aprovada. Vão e exijam a arca. Cavalheiros, vamos à guerra!"

Discernimento

Para nós, com nosso distanciamento objetivo, é fácil entender que eles estavam errados. Em vez de consultar a vontade de Deus e agir em obediência, eles se comportaram de modo presunçoso, de acordo com suas próprias ideias criativas. "Efraim está oprimido, esmagado pelo juízo, porque decidiu ir atrás de ídolos" (Oseias 5.11). Quando agimos com a inventividade de nossas próprias ideias, perdemos a capacidade de exercer juízo e discernimento precisos. E nos encontramos com o Deus que "desfaz os planos das nações" (Salmos 33.10).

É possível que eles estivessem vivendo o que diz Jó 12.20: "[Deus] Cala os lábios dos conselheiros de confiança, e tira o discernimento dos anciãos". A unidade do Espírito é um elemento essencial para ajudar os anciãos a avançar com Deus e, contudo, a unidade em si e de si nem sempre é garantia de bênção. Há um momento em que a tirania do consenso pode causar surpresas desagradáveis aos anciãos. É um tempo em que Deus prova os anciãos, retirando deles os seus conselhos, para saber se eles vão seguir em frente com o consenso humano quando não têm nenhuma mensagem de Deus.

Há um momento em que a tirania do consenso
pode causar surpresas desagradáveis aos anciãos.
É um tempo em que Deus prova os anciãos,
retirando deles os seus conselhos, para saber se
eles vão seguir em frente com o consenso humano
quando não têm nenhuma mensagem de Deus.

Os anciãos devem andar continuamente quebrantados diante de Deus, entendendo que sempre existe a possibilidade de unanimidade sem o conselho de Deus (1 Samuel 4.3). Os anciãos podem se enganar pensando que a unanimidade indica a opinião de Deus sobre determinado assunto. Foi isso que ocorreu no Sinédrio no julgamento de Jesus. Os líderes se acomodam e têm apoio na falsa segurança do consenso unânime. A maior parte dos sistemas religiosos entra em declínio sob a orientação do consenso dos líderes. Os líderes às vezes precisam que a voz dos profetas os salve de suas opiniões próprias. No caso de nossa história, porém, os anciãos não solicitaram o aporte do profeta de Deus, Samuel.

Se quisermos ver a Glória de Deus nesta geração, é vital que os líderes tenham discernimento piedoso. Tenho clamado a Deus, pedindo o mesmo que Paulo pedia para os filipenses – "que o amor de vocês aumente cada vez mais em conhecimento e em toda a percepção" (Filipenses 1.9). Senhor Jesus, eu anseio por esse discernimento! (veja Provérbios 2.3). E anelo que meus irmãos também cresçam nesse discernimento espiritual.

Discernimento é a capacidade de distinguir entre o bem e o mal (Hebreus 5.14). O verdadeiro discernimento se encontra graças a uma relação permanente com uma Pessoa – "O Espírito que dá sabedoria e entendimento" (Isaías 11.2). Jesus relacionou o discernimento com o entendimento das épocas (Lucas 12.54-59). Tenho pedido a Deus que me dê discernimento de nossos tempos. Falta-me muito nessa área. Parece-me, entretanto, que vivemos numa sociedade "cheia de espinhos". "'As que caíram entre espinhos são os que ouvem, mas, ao seguirem seu caminho, são sufocados pelas preocupações, pelas riquezas e pelos prazeres desta vida, e não amadurecem'" (Lucas 8.14). O terreno de nossos tempos é uma paisagem de espinhos. As preocupações desta vida estão sufocando literalmente a Igreja, impedindo-a de perseverar e prosseguir para a Glória de Deus.

Praticamente todo pastor e todo líder de louvor já experimentou o que significa trabalhar com muito afinco planejando o culto de adoração, os cânticos e a música e depois chegar ao culto e perceber que Deus decidiu desfazer o plano deles (Salmos 33.10). E o que fazemos então? Deus quer nos preparar para ouvir, escutar, diligentemente seus planos e propósitos e com isso andar em total obediência e dependência ansiosa de sua direção.

Na história que temos diante de nós, os anciãos estavam precisando de um grande despertamento espiritual. Eles decidiram carregar a arca para o campo de batalha na esperança de que "ela os salvasse das mãos de seus inimigos" (cf. 1 Samuel 4.2). Eles achavam que o poder de libertação estivesse na arca em si. Em outras palavras, chegaram a ver a arca como um fetiche, um amuleto, um talismã da sorte que, graças a seu poder inerente, lhes daria a vitória sobre os inimigos. A falta de discernimento deles foi lamentável. Em vez de consultar a Deus, voltaram-se para a experiência. "Vamos tentar e ver o que acontece." (Em vez de criticá-los por isso, vamos reconhecer que quase todos nós também fizemos experiência quando estávamos diante de uma importante realização.)

Eis o que ocorreu.

> Eles chegaram a ver a arca como um fetiche,
> um amuleto, um talismã da sorte que,
> graças a seu poder inerente,
> lhes daria a vitória sobre os inimigos.

A BATALHA MALFADADA

Os filisteus, ouvindo os gritos, perguntaram: "O que significam todos esses gritos no acampamento dos hebreus?" Quando souberam que a arca do Senhor viera para o acampamento, os filisteus ficaram com medo e disseram: "Deuses chegaram ao acampamento. Ai de nós! Nunca nos aconteceu uma coisa dessas! Ai de nós! Quem nos livrará das mãos desses deuses poderosos? São os deuses que feriram os egípcios com toda espécie de pragas, no deserto. Sejam fortes, filisteus! Sejam homens, ou vocês se tornarão escravos dos hebreus, assim como eles foram escravos de vocês. Sejam homens e lutem!" Então os filisteus lutaram e Israel foi derrotado; cada homem fugiu para sua tenda. O massacre foi muito grande: Israel perdeu trinta mil homens de infantaria.

Quando os filisteus ouviram o grito de vitória no acampamento dos israelitas e descobriram que a arca tinha chegado ao arraial, ficaram desesperados, com medo. Eles se levantaram com um zelo frenético e devastaram o exército israelita. *Isso é exemplo da realidade de que toda vez que avançamos na vitória do reino, sempre há um contra-ataque, e é bom nos prepararmos com antecedência para essas ocasiões.*

Bem, eis o que eu percebi quando li atentamente a história. O povo de Deus tinha a Presença de Deus (a arca) e os gritos no acampamento – e perdeu a guerra! Isso contradisse tudo que eu acreditava sobre guerra espiritual. Eu achava que, se nós tão somente tivéssemos a Presença de Deus em casa e os gritos de louvor na congregação, teríamos a garantia de poderosas façanhas e grandes avanços do reino. Mas esse relato me ajudou a enxergar uma coisa. A Presença não é suficiente! Apesar de terem a Presença e o grito de vitória, ainda assim eles perderam a guerra.

Vou dizer o que acho para você considerar com atenção: nós precisamos mais do que a Presença. Necessitamos da Glória. Como acabamos de ver nessa história, é possível ter a Presença sem a Glória. Para concluir o mandado da Grande Comissão, precisamos ver demonstrações da Glória de Deus que prendam a atenção, despedacem a terra, sacudam o inferno e quebrem grilhões.

Agora vamos para o fim da história.

A GLÓRIA SE FOI

A arca de Deus foi tomada, e os dois filhos de Eli, Hofni e Fineias, morreram. Naquele mesmo dia um benjamita correu da linha de batalha até Siló, com as roupas rasgadas e terra na cabeça. Quando ele chegou, Eli estava sentado em sua cadeira, ao lado da estrada. Estava preocupado, pois em seu coração temia pela arca de Deus. O homem entrou na cidade, contou o que havia acontecido, e a cidade começou a gritar. Eli ouviu os gritos e perguntou: "O que significa esse tumulto?" O homem correu para contar tudo a Eli. Eli tinha noventa e oito anos de idade e seus olhos estavam imóveis; e ele já não conseguia enxergar. O homem lhe disse: "Acabei de chegar da linha de batalha; fugi de lá hoje mesmo". Eli perguntou: "O que aconteceu, meu filho?" O mensageiro respondeu: "Israel fugiu dos filisteus, e houve uma grande matança entre os soldados. Também os seus dois filhos, Hofni e Fineias, estão mortos, e a arca de Deus foi tomada". Quando ele mencionou a arca de Deus, Eli caiu da cadeira para trás, ao lado do portão, quebrou o pescoço, e morreu, pois era velho e pesado. Ele liderou Israel durante quarenta anos. Sua nora, a mulher de Finéias, estava grávida e perto de dar à luz. Quando ouviu a notícia de que a arca de Deus havia sido tomada e que seu sogro e seu marido estavam mortos, entrou em trabalho de parto e deu à luz, mas não resistiu às dores do parto. Enquanto morria, as mulheres que a ajudavam disseram: "Não se desespere; você teve um menino". Mas ela não respondeu nem deu atenção. Ela deu ao menino o nome de Icabode, e disse: "A glória se foi de Israel", porque a arca foi tomada e por causa da morte do sogro e do marido. E ainda acrescentou: "A glória se foi de Israel, pois a arca de Deus foi tomada" (1 Samuel 4.11-22).

Quando os filisteus capturaram a Presença (a arca), a mulher de Fineias disse que a Glória se fora. Ela tinha razão em parte, porque a Glória de Deus se fora de Israel. Entretanto, quero propor que a Glória não se fora com a captura da arca. A Glória tinha ido embora muito antes até de que essa história ocorresse. Já havia muitos anos que a nação estava sem a Glória, tudo que o povo tinha era a Presença (a arca).

Agora, porém, até a Presença se fora! Que história de cortar o coração! Se conseguir perceber a emoção do momento, você pode chorar facilmente, pois o bem mais precioso de uma nação inteira – a arca – tinha sido capturado. Durante sete meses eles ficaram sem a Presença. Foi um dos períodos mais depressivos de toda a história do povo de Deus. Nada podia ter sido mais devastador para o ânimo da nação. Que desalento deve ter se abatido sobre a alma dos israelitas, que se haviam convencido de que a arca era impossível de ser conquistada e com ela eles eram invencíveis. Agora, o que antes se acreditava ser impossível tinha acontecido de fato. A Presença tinha sido removida pelo inimigo. E eles não tinham a mínima ideia se algum dia a teriam de volta.

Os israelitas achavam que tinham a Glória,
mas tudo o que tinham era a Presença.

Houve uma época em que eles tiveram não só a Presença, mas também a Glória. A Glória de Deus morava no tabernáculo nos dias de Moisés. Ele havia deixado um registro escrito de que a Glória havia descido na dedicação do tabernáculo. Desde seu início, o tabernáculo fora a habitação da nuvem de Glória e da coluna de fogo (Êxodo 40. 34-38). Com o decorrer dos anos, porém, a Glória se foi, e o povo nem sequer soube. A mulher de Fineias achava que, antes da captura da arca, eles ainda tinham a Glória de Deus sobre a nação. Os israelitas achavam que tinham a Glória, mas tudo o que tinham era a Presença.

E a Presença não foi suficiente para vencer a guerra.

Capítulo 5

COMO A GLÓRIA SE VAI

No capítulo anterior falamos que na situação geral em que ocorre a história de 1 Samuel 4, a Glória havia partido muito tempo antes de a arca ser capturada. Ao longo dos anos, o povo foi se acostumando à Presença sem a Glória e nem sequer sabia o que estava perdendo.

Sabemos que os israelitas perderam a Presença quando a arca foi capturada pelos filisteus. Mas quando eles perderam a Glória? E como?

Bem, não sabemos exatamente quando a Glória se foi do templo. Uma coisa, porém, é bem clara: *a Glória não se foi de repente*. Não é como se eles tivessem a Glória num dia e, depois, no dia seguinte, não tivessem mais. Raramente o êxodo da Glória é assim tão claro e definitivo. Normalmente é um processo degenerativo mais lento que ocorre com o tempo.

A visão de Ezequiel

Ezequiel teve um vislumbre dessa verdade numa visão. Deus lhe mostrou que a Glória não se vai de repente, mas aos poucos – em estágios. Trata-se de um processo. Deus revelou essa verdade a Ezequiel numa visão que lhe mostrava a partida da Glória do templo. A Glória não fez "buum!" e sumiu de repente. Ela foi saindo progressivamente, numa sequência que se caracterizou por cinco diferentes fases de sua partida da cidade santa. Cada estágio representou um "ponto de decisão" crítico, em que o povo precisou fazer escolhas espirituais. As pessoas se arrependeriam e se converteriam, ou continuariam na espiral descendente de transigência com o pecado e maldade. *A condescendência sem controle do povo significava que a Glória ia avançar para um estágio mais distante em sua retirada do meio deles.*

Estágio 1: Quando Ezequiel foi transportado pela primeira vez para o templo em sua visão, ele viu a Glória de Deus. "E ali, diante de mim, estava a glória do Deus de Israel, como na visão que eu havia tido na planície" (Ezequiel 8.4). O profeta notou que a Glória estava em seu lugar, no Santo dos Santos, acima do propiciatório da arca e dos querubins. "Então a glória do Deus de Israel subiu de cima do querubim, onde havia estado" (Ezequiel 9.3). Assim, começamos com a Glória em seu justo lugar, no templo, com os querubins, acima do propiciatório, com o povo de Deus.

Tolerância dessa fase: A glória, porém, estava coabitando com "imagem dos ciúmes, que provoca o ciúme de Deus" (Ezequiel 8.3)[6], que era uma imagem de Baal. O Senhor deu ao povo tempo para se arrepender (veja Apocalipse 2.21), mas, pela recusa do povo a arrepender-se, chegou o momento em que a Glória começou a se afastar.

Estágio 2: Por causa da complacência do povo com o pecado, a Glória se deslocou para a soleira da porta do templo. "Então a glória do Deus de Israel subiu de cima do querubim, onde havia estado, e se moveu para a entrada do templo" (Ezequiel 9.3).

---

6 Almeida revisada e ampliada.

Tolerância dessa fase: Na visão, Ezequiel viu animais impuros e ídolos retratados nas paredes; viu também setenta anciãos oferecendo incenso a ídolos numa das dependências do paço do templo (Ezequiel 8.10-12). Isso marcava outro "ponto de decisão", e, por causa das escolhas dos israelitas, a Glória continuou se afastando deles.

Estágio 3: Primeiro Ezequiel viu os querubins que "estavam no lado sul do templo" (10.3). Depois exclamou: "A glória do Senhor afastou-se da entrada do templo e parou sobre os querubins" (10.18). Assim, agora a Glória tinha saído da soleira e se deslocara para a extremidade sul do templo.

Tolerância dessa fase: Ezequiel viu mulheres no portal norte do templo, chorando por Tamuz (Ezequiel 8.14). O culto a Tamuz implicava prostituição no templo juntamente com toda a obscenidade que a acompanha.

Estágio 4: A Glória se deslocara com os querubins e parou "à entrada da porta oriental do templo do Senhor" (10.19). A Glória se afastou mais um passo além de seu lugar correto.

Tolerância dessa fase: Ezequiel viu 25 homens no pátio interior adorando o sol, inclinados para o oriente (Ezequiel 8.16). É mais um ponto de decisão e, por causa da tolerância do povo com essas coisas, a Glória se afastou ainda mais um pouco.

Estágio 5: A Glória saiu da cidade e foi para o monte a leste da cidade. "A glória do Senhor subiu da cidade e parou sobre o monte que fica a leste dela" (11.23).

Tolerância dessa fase: Ezequiel viu 25 homens no portal oriental. Eles estavam ideando iniquidade e dando conselhos perversos aos cidadãos (Ezequiel 11.1-2).

É nesse ponto que a visão se eleva. O último vislumbre que Ezequiel tem da Glória é quando ela para no monte do lado oriental da cidade. Para onde ela foi dali, ele não viu.

De novo, a questão aqui é que a Glória se foi aos poucos, em estágios, em consequência de transigências específicas que não foram abandonadas em momentos críticos de decisão.

Sansão

A mesma verdade é exemplificada em Sansão, que mostrava um aspecto incomum da Glória em sua vida através da força sobre-humana. A Glória de Deus se manifestava por intermédio dele de modo poderoso, mas ele se permitiu uma série de transigências que acabaram fazendo com que a Glória se afastasse dele.

Sansão era um juiz de Israel ungido poderosamente, mas também ávido por satisfazer suas paixões naturais. Certa ocasião, ele se permitiu dormir com uma prostituta e em seguida levantou-se no meio da noite e levou as portas da cidade para o topo de uma colina. Ele fora imensamente ungido e tinha demonstrações poderosas da Glória por meio de sua vida, mas estava pondo tudo em risco com suas transigências pecaminosas.

Dalila, uma bela filisteia, exercia muito fascínio sobre Sansão, o que representava mais uma de uma série de contemporizações. No entanto, seu relacionamento com ela ia trazer à tona a verdadeira natureza da condição espiritual deplorável de Sansão.

Dalila, seu novo amor, implorou-lhe que contasse a origem de sua força. Sob coação, Sansão lhe respondeu: "'Se alguém me amarrar com sete tiras de couro ainda úmidas, ficarei tão fraco quanto qualquer outro homem'" (Juízes 16.7). Ele não revelou o verdadeiro segredo de sua força, mas brincou com o perigo da transigência. Uma vez, quando Sansão estava dormindo, Dalila o amarrou com tiras de couro úmidas, enquanto os homens estavam esperando para capturá-lo e prender, mas Sansão "arrebentou as tiras de couro como se fossem um fio de estopa que chega perto do fogo" (Juízes 16.9). O que Sansão não percebeu é que a Glória já estava se preparando para sair da sua vida.

Quando Dalila acusou Sansão de zombar dela, ele disse: "Se me amarrarem firmemente com cordas que nunca tenham sido usadas, ficarei tão fraco quanto qualquer outro homem" (Juízes 16.11). Então Dalila o amarrou com cordas novas enquanto ele dormia. Embora, quando acordou, Sansão tenha arrebentado as cordas de seus braços "como se fossem uma linha", ele fracassou em mais um ponto crítico de decisão. A Glória deu mais um passo em retirada.

Mais uma vez Dalila se queixou de que Sansão havia zombado dela, por isso ele explicou: "Se você tecer num pano as sete tranças da minha cabeça e o prender com uma lançadeira, ficarei tão fraco quanto qualquer outro homem" (Juízes 16.13). Dalila fez isso também enquanto Sansão dormia, mas ele "arrancou a lançadeira e o tear, junto com os fios do tear" (Juízes 16.14). E a Glória se distanciou ainda mais dele.

Depois de ter sido importunado e vexado diariamente pelas alfinetadas de Dalila, por fim Sansão abriu o coração para ela e lhe revelou o segredo: "'Jamais se passou navalha em minha cabeça', disse ele, 'pois sou nazireu, desde o ventre materno. Se fosse rapado o cabelo da minha cabeça, a minha força se afastaria de mim, e eu ficaria tão fraco quanto qualquer outro homem'" (Juízes 16.17). Dalila o fez adormecer e em seguida mandou que um homem rapasse os cabelos de Sansão. Dalila o despertou com as seguintes palavras: "'Sansão, os filisteus o estão atacando!' Ele acordou do sono e pensou: 'Sairei como antes e me livrarei'". A afirmação que vem em seguida no versículo tem implicações terríveis: "Mas [ele] não sabia que o Senhor o tinha deixado" (Juízes 16.20). Ele ficou tão fraco quanto qualquer outro homem, e os filisteus o prenderam, torturaram e mutilaram.

> Suas transigências o tinham deixado
> tão insensível à distância da Glória de Deus que,
> quando esta finalmente se foi por completo,
> ele nem sequer percebeu!

Do ponto de vista de Sansão, pareceu-lhe que a Glória o abandonara de súbito, mas, na realidade, a Glória o foi deixando em meio à sequência de decisões, culminando com o total afastamento de sua vida. Suas transigências o tinham deixado tão insensível à distância da Glória de Deus que, quando esta finalmente se foi por completo, ele nem sequer percebeu!

Quando a glória se vai da casa de adoração

Vamos agora aplicar essa verdade ao culto da Igreja. A Igreja foi criada para a Glória. Do ponto de vista ideal, quando a assembleia de crentes se reúne para adorar, a Glória deve estar presente, inflamando todos com o fogo santo. Quando Salomão reuniu toda a nação para adorar e louvar no templo recém-construído, os cantores e músicos "em uníssono, louvaram e agradeceram ao Senhor. Ao som de cornetas, címbalos e outros instrumentos, levantaram suas vozes em louvor ao Senhor e cantaram: "Ele é bom; o seu amor dura para sempre". Então uma nuvem encheu o templo do Senhor, de forma que os sacerdotes não podiam desempenhar o seu serviço, pois a glória do Senhor encheu o templo de Deus" (2 Crônicas 5.13-14). O lugar da adoração coletiva sempre foi destinado por Deus para ser o lugar da Glória.

A maior parte das denominações que existem hoje nasceu em Glória. Quando se leem histórias de movimentos como os metodistas, o Exército de Salvação, as Assembleias de Deus, o Evangelho Quadrangular, e muitos outros, o denominador comum na origem da maioria dos movimentos eclesiásticos é um grau incomum de Glória manifestada no meio do povo de Deus. Nas raízes primitivas da maioria das igrejas está a Glória. Entretanto, para muitos, a Glória se foi. Ao que parece, pode-se aplicar à síndrome de entropia humana a seguinte generalização: *Quanto mais longa a existência de determinado grupo ou movimento eclesiástico, mais e maiores são suas oportunidades de transigir com o pecado e ficar sem a glória.* Os odres de vinho das estruturas da Igreja, antes flexíveis com o vinho novo do recente movimento do Espírito, tendem sempre a se calcificar com o passar do tempo, a endurecer a resistência às intenções atuais de Deus de manifestações de Glória na Igreja.

> Se a glória jamais se afastou de sua igreja,
> isso se deve a um único motivo: vocês não têm tempo
> suficiente de existência.

Não estou fazendo crítica; tão somente estou sendo observador. Como qualquer um de nós pode criticar as denominações históricas se os próprios fatores que lhes roubaram a Glória de forma recorrente, ao longo dos séculos, também estão agindo em cada um de nós – sempre procurando nos roubar a Glória, para a qual fomos destinados? Se a Glória jamais se afastou de sua igreja, isso se deve a um único motivo: vocês não têm tempo de existência suficiente.

Praticamente todos os movimentos e grupos eclesiásticos que conheceram a Glória também sabem o que significa a Glória recuar e avançar em direção à saída. Esse problema é universal e inevitável depois de passado tempo suficiente. A Glória recua quando administramos mal os pontos críticos de decisão que Deus põe diante de nós. Por isso, no capítulo a seguir quero continuar essa sequência de raciocínio analisando algumas maneiras erradas por meio das quais costumamos reagir quando percebemos que a Glória está se afastando.

Capítulo 6

OS CINCO "D" FATAIS DA AUSÊNCIA DA GLÓRIA

Muitos de nós concebemos a presença de Deus como a realização suprema de nossas reuniões de adoração. Pensamos que, por ter a presença de Deus em nossa comunidade de fé, descobrimos o cristianismo do Novo Testamento. Eu, porém, digo que a presença de Deus não é suficiente. É possível ter a presença divina sem o prazer divino (o sorriso de Deus). A presença divina é excelente, mas há mais. Há a Glória. Quase todos nós conhecemos a presença de Deus em nosso meio quando estamos em culto, mas poucos já entraram de fato no domínio da Glória. A presença de Deus é promessa dele; a Glória de Deus é o prazer dele. Temos a garantia de ser beijados pela presença de Deus, mas não necessariamente de receber o sorriso de sua Glória. O domínio da Glória é um tanto difícil de alcançar. Nós o desejamos, mas muito poucas vezes o sentimos. Contudo, trata-se da plenitude que Jesus nos concede pela sua morte.

A maioria das igrejas cristãs de todo o mundo experimenta a presença de Deus (em algum grau) quando se reúne para a adoração coletiva. A presença de Deus talvez não seja perceptível no início da reunião, mas quando o incenso da adoração começa a subir, a consciência dessa presença começa a encher o ambiente. Quando o coração do povo de Deus começa a se elevar em fé e louvor, a presença suave de Deus começa a se destilar silenciosamente no salão enquanto ele habita os louvores de seu povo (Salmos 22.3).

Ponto de decisão

Todavia, é precisamente nesse ponto que quase sempre algo crucial começa a acontecer. Apesar de sentirmos a presença de Deus, também sentimos certa falta de plenitude. Sabemos que não estamos vivendo aquele progresso no Espírito que desejamos. Sabemos que estamos na presença de Emanuel ("Deus conosco"), contudo sabemos que há mais para nós. Embora a atmosfera seja suave, existe a consciência clara de que ainda não atingimos o reino da Glória. Eis a diferença: *temos presença, mas não temos Glória.*

Essa síndrome tem sido vivida em praticamente toda igreja cristã no mundo, em todas as épocas. É absolutamente universal. Estou ressaltando essa questão porque quero que você saiba que este capítulo não tem nenhuma intenção de cutucar qualquer tipo de igreja. Não estou criticando algum estilo particular de culto, tampouco estou pondo alguma tribo de Israel (i. é., denominação) acima de outra. Quase toda igreja chegou a esse ponto de ter a presença, mas não a Glória. A única exceção seriam as igrejas que não conheceram nem sequer a presença de Deus.

Quando chegamos ao ponto de ter a presença sem a Glória, chegamos ao que chamo de "ponto de decisão". Estamos numa encruzilhada no que se refere à espiritualidade. O modo que reagimos ao Espírito Santo nesse ponto de decisão vai determinar nosso destino futuro. A questão crucial é: *o que fazer quando temos a presença, mas não temos a Glória?* Sua reação acarretará sérios desdobramentos para a herança espiritual de sua igreja local.

A questão crucial é:

o que fazer quando temos a presença,

mas não temos a Glória?

Se você já foi responsável pela direção do culto de adoração coletiva, é muito provável que se identifique completamente com o que estou dizendo. Talvez você conheça a sensação de estar diante das pessoas, encarregado do culto de louvor, e com aquela sensação de uma bola de chumbo na boca do estômago porque percebe que a adoração está um desastre. Não há Glória, e você sabe disso. Em alguns casos, não há sequer a presença de Deus. Poucas coisas são mais incômodas do que ser o líder de um culto de louvor em que não há Glória, e mesmo a presença divina é questionável. Você quer que o púlpito se abra e o engula vivo. Porém, o que você faz nesse momento acarreta implicações importantes para a vida de adoração de sua igreja.

CINCO REAÇÕES COMUNS

Quando nossos cultos de adoração não têm Glória, há pelo menos cinco possíveis reações comuns dos líderes da igreja. É fácil decorar essas reações, pois as cinco começam com a letra "D".

1. Deleite

É um fato raro, porém triste, que algumas igrejas reagem à ausência de Glória com deleite. Elas não querem Glória e ficam bem felizes quando ela os deixa.

Alguns líderes olharam para outras igrejas em que surgiram pequenas manifestações de Glória e rejeitaram cinicamente o que observaram por ser-lhes indesejável e desagradável. Olharam para a Glória e resolveram que não a queriam. Por seu modo de aniquilar toda e qualquer etiqueta e todo e qualquer protocolo, a Glória normalmente provoca muita oposição e controvérsia quando surge. Tommy Tenney assinalou que a presença de Deus capacita nossa carne, mas a Glória a incapacita. Quando a presença chega, somos fortalecidos e recebemos poder; quando a Glória chega, os sacerdotes não conseguem mais ficar de pé para realizar suas obrigações (2 Crônicas 5.14). Quando muita gente começa a cair no chão, muitos consideram as reuniões "indecentes" ou "fora da ordem". O grande entusiasmo que acompanha a Glória representa um preço muito alto para alguns líderes, e eles se deleitam quando essa Glória os deixa.

> Quando a presença chega, somos fortalecidos
> e recebemos poder; quando a Glória chega,
> os sacerdotes não conseguem mais ficar de pé
> para realizar suas obrigações (2 Crônicas 5.14).

A verdade é que a Glória de Deus é perturbadora. É indomável, incontrolável, impossível de deter e perigosamente consumidora. A Glória destrói planejamentos, agenda, ordens de culto, seleção de cânticos e planos caprichosamente elaborados. Frustra, expõe, desconcerta e torna impotente os mecanismos de controle dos líderes da igreja. A Glória é perigosa e revolucionária. É explosiva, indomável, versátil, invasiva e causa divisão. A Glória arrasa como um maremoto, que leva embora as redes e as fronteiras de segurança que nos ajudavam a nos sentir seguros. O relógio talvez ajude a marcar o início das reuniões, mas é inútil determinar quando a reunião pode acabar. Os salões ficam superlotados, os banheiros mal conseguem se manter limpos o suficiente, há crianças por toda a parte, abundam as críticas, os vizinhos reclamam, os carros estacionam em diagonal, o comércio fica uma bagunça, o prefeito tenta mediar e outros pastores disfarçam a inveja por não estar acontecendo o mesmo na igreja deles.

As pessoas fazem as coisas mais esquisitas quando reagem à chegada da Glória. Algumas gritam; algumas dançam; algumas choram; outras batem palmas; umas caem no chão; outras se ajoelham; outras ainda se agitam e tremem descontroladamente. Muitos fazem ruídos estranhos e movimentos corporais esquisitos. Perdem as refeições e continuam estranhas durante horas. Além disso, não têm a menor reserva para falar a cada alma com quem se encontram na mercearia ou na padaria sobre os acontecimentos nada convencionais que ocorrem nas reuniões.

"Não", dirão alguns, "nós não queremos isso". "Se é isso que significa ter a Glória, então não a queremos." O preço a pagar é muito alto. Essas pessoas se recusam a abrir mão do controle. O Senhor jamais impõe a Glória àqueles que não a desejam, e eles ficam bem felizes que seja assim.

2. Desânimo

Há também o outro extremo do leque. Enquanto alguns se deleitam pelo fato de não terem sido tocados pela Glória, outros se desanimam porque estão convencidos de que jamais a verão nesta vida. Algumas igrejas já desistiram. Não lutam mais pela Glória. Já faz tanto tempo que a tiveram que ninguém nem sequer se lembra. Hoje estão lutando apenas pela presença; perderam toda esperança de ver a Glória. Na verdade, há algumas igrejas que abriram mão até da presença.

Algumas igrejas ficariam imensamente gratas se pudessem ter apenas umas migalhas da presença. Repassam seu programa típico (também conhecido como rotina) e durante todo o tempo o líder do louvor se mantém implorando silenciosamente a Deus por progresso: "Por favor, por favor, por favor, por favor, por favor, por favor!". De vez em quando algo começa a avivar. Por cerca de 20 minutos de culto, uma brisa tênue começa a soprar suavemente no auditório, e os queixos se erguem ligeiramente só por um instante, enquanto a fome diz: "O que é isso? Ah sim, agora entendo, aí está. É a presença de Deus".

E rapidamente, para não estragar o efeito agradável do momento com um mergulho de cabeça no vazio, o líder anda apressado para anunciar, com muito alívio: "A congregação pode se sentar". E todos ficam satisfeitos, pois agora se pode prosseguir com a ordem do culto e depois sair para comer, porque mais uma vez provamos a presença.

> Algumas igrejas ficam aliviadas quando
> conseguem tocar só um pouquinho da presença;
> elas abriram mão de toda esperança
> de algum dia tocar a Glória.

Algumas igrejas ficam aliviadas quando conseguem tocar só um pouquinho da presença; elas abriram mão de toda esperança de algum dia tocar a Glória. Não se esqueça do que dissemos antes: é possível ter a presença, os brados, e mesmo assim perder a guerra. A presença de Deus não é suficiente. *Algumas igrejas têm apenas cristianismo suficiente para imunizar as pessoas contra a coisa verdadeira.*

Alguns grupos nem sequer esperam nem tentam mais tocar a Glória. Com desespero, os líderes dão de ombros e caem numa passividade que em resumo diz: "Não há nada que possamos fazer em relação a isso. Vamos viver e deixar viver". Outras igrejas nem sequer têm mais a presença. Suas reuniões estão tão longe de tocar o coração do Pai que elas nem mesmo esperam nem lutam pela presença. Faz tanto tempo que Deus se apresentou que elas criaram uma filosofia ministerial que nem mesmo inclui a expectativa de experimentar a presença de Deus.

Para alguns, é tentador olhar de cima, com condescendência, para as igrejas que perderam a Glória e a presença. A verdade, porém, é que, se sua igreja existisse há tanto tempo quanto a igreja deles, vocês estariam lutando com os mesmos problemas. Esse processo acaba afetando toda igreja, é só uma questão de tempo.

3. Default (automático)

É provável que sua igreja não se encontre em nenhuma das duas situações, a saber, "deleite" e "desânimo", que defini até agora. No entanto, prepare-se, estamos prestes a tocar o ponto nevrálgico. Enquanto lê as três categorias a seguir, talvez seja bom você deixar que sua primeira reação seja o riso. Ria primeiro, depois pode chorar.

O que se faz quando se tem a presença, mas não a Glória? Alguns se deleitam; outros se desanimam. Veja agora a terceira reação: alguns acionam o "modo *default* (automático)". Vou explicar.

Você inicia o culto de louvor e percebe que ele não está seguindo na direção certa. É óbvio que a congregação ainda não tocou o coração do Pai e não pegou nenhum sopro ascendente dos ventos do Espírito. É claro que alguma coisa está errada, mas não se tem nenhuma ideia do que é nem se sabe o que fazer.

Nesse momento de sofrimento e incerteza, muitos líderes acionam o "modo *default*" (para usar o jargão computacional). Existe um modo *default* a que muitos líderes voltam quando não sabem mais o que fazer. "Quando não se sabe o que fazer, recorre-se ao modo *default*." O que é esse modo? Nada mais é do que isto: *ir para o cântico seguinte*. Vamos automaticamente para a atividade seguinte da ordem do culto. Quando não souber o que fazer (é assim que diz essa lógica), *cante mais um cântico*. Você tem experiência bastante nisso para saber muito bem que a solução para um culto hesitante nem sempre é o cântico certo, mas tenta assim mesmo.

> Quando não se sabe o que fazer
> (assim diz a lógica), cante outro cântico.

Assim como os anciãos israelitas na batalha contra os filisteus, você começa a fazer experiências. Vai "procurar" o cântico certo. "Quem sabe esta música seja boa." "Bem, esta não funcionou, vamos tentar esta aqui." Você começa a sentir o suor escorrendo-lhe pelas costas. "Puxa, este culto está mesmo confuso. Deixe-me ver, vamos tentar *esta* canção, porque deu bem certo na semana passada!"

Às vezes nossa relação com os nossos cânticos é semelhante à dos anciãos com a arca. Tratamos nossas canções como fetiche, talismãs da sorte, com poder de causar mudança intrínseco a eles mesmos. *Operamos no automático, sacamos outra música, na esperança de que vamos encontrar o cântico certo para salvar "magicamente" o culto de sua queda livre.* Atribuímos aos cânticos uma propriedade mágica que eles não possuem. Para os israelitas, o poder de vencer não estava na peça de mobiliário chamada arca, e o poder de obter vitória sobre as batalhas que encontramos nos cultos de louvor não é inerente aos cânticos. A arca nada mais era do que um veículo para a liberação da graça de Deus a seu povo – um veículo que podia ser mal empregado. Do mesmo modo, nossos cânticos são veículos que Deus pode usar para dispensar graça – "cantem salmos, hinos e cânticos espirituais com gratidão a Deus em seus corações" (Colossenses 3.16). Mas também podem ser mal usados quando os empregamos de um jeito quase supersticioso.

> Tratamos nossas canções como fetiche,
> talismãs da sorte, com poder de causar
> mudança intrínseco a eles mesmos.

Muitas igrejas criaram o que eu chamo de uma "liturgia dependente de cânticos". (Apesar de minha criação e minha experiência serem principalmente de tradição carismática e pentecostal, estou falando de algo que não se limita a esses círculos, isso se aplica a praticamente todas as denominações e correntes.) Tenho me perguntado por que tantas igrejas dependem tão fortemente de cânticos para liberar o espírito de adoração que desejam. Os cânticos são meios poderosos para liberar a adoração, mas quando nós nos apegamos a eles de forma desequilibrada, o Senhor às vezes os torna tão desprovidos de poder quanto a arca ficou para os israelitas no campo de batalha. Gosto muito de música e de cantar, mas cantar canções não é o único modo de adorar. E os cânticos não são o único meio de graça que Deus nos deu para nos auxiliar a tocar o coração dele.

Há outros "pontos de comunicação da graça" – meios pelos quais a graça de Deus nos é concedida – além do cântico de músicas. A graça também pode ser liberada em nossos cultos de adoração por meio da comunhão, da unção com óleo, da lavagem dos pés uns dos outros, da imposição de mãos, da leitura da Bíblia, pela concordância na oração, declarações proféticas, oferta, confissão e arrependimento, resposta ao apelo, exortação, pregação, entre outros. Em outras palavras, nossos cultos de adoração compreendem muito mais do que tão somente cânticos.

Quando procuramos liberar a Glória em nossos cultos de adoração, os líderes são mais eficientes se estiverem desprendidos e capacitados para dirigir mais do que apenas cânticos. Quando os líderes de louvor são limitados ao cântico de músicas, talvez tenham dificuldade de empregar os meios de graça planejados pelo Espírito Santo para abrir a atmosfera da reunião. Quando um líder de louvor é desprendido para fazer mais do que tão somente cantar canções, ele necessita caminhar muito próximo do pastor e, no caso de líderes de louvor menos experientes, será preciso mais instruções do pastor. Mas os riscos não valem a pena? Porque o que estamos pedindo é Glória! Não devemos entoar cânticos de modo automático como se eles pudessem realizar o que somente a Glória pode. Eu ainda acrescentaria que esses pastores devem assumir um papel proativo no acompanhamento de seus líderes de louvor para lutarem juntos pela Glória. Há mais eficiência quando há espírito cooperativo e de união entre a equipe pastoral e o grupo de líderes de louvor.

Em vez de passar automaticamente para outro cântico, o que deve ocorrer se o líder do louvor PARAR COM TUDO e disser: "Estamos errando em alguma coisa"? O que aconteceria se parássemos e consultássemos a Deus? "Senhor, o que se passa em seu coração neste momento? É evidente que o Senhor não está contente com nossos cânticos até agora. O que devemos fazer para tocar seu coração agora?" Um líder de louvor inexperiente precisa ter muito cuidado para não empregar esse recurso como escape do peso de crescer em responsabilidade perante Deus e seu povo. Quando, porém, um líder de louvor capacitado, de coração contrito e espírito ansioso pela Glória de Deus, está disposto a sair da rotina de apenas cantar mais uma canção e assumir o risco de expressar seu clamor a Deus, creio que o Senhor observa esse tipo de fé e paixão.

O que aconteceria se parássemos
e consultássemos a Deus?

"Espere um pouco!", até consigo ouvir os líderes de louvor protestando. "Você está sugerindo, Bob, que, como líder de louvor, eu devo parar bem no meio do culto de louvor e confessar que não sei o rumo da reunião? Não seria um suicídio ministerial? Por certo você não está propondo que nós paremos e consultemos a Deus!"

Estou questionando: "Por que não?".

"De jeito nenhum! Eu não! Eu não vou me expor desse jeito." Afinal, poucas coisas são tão intimidantes quanto reconhecer diante de toda a congregação que não se sabe para onde conduzir a reunião. Essa atitude nos faz sentir vulneráveis, nus, ineptos e fora do controle. Em outras palavras, ela nos faz sentir como o que de fato somos.

A alternativa é trabalhar no modo automático. Agir somente em segurança; cantar o cântico seguinte. Permanecer na posição cômoda e perder as possibilidades de tocar o coração do Pai e liberar aspectos novos da glória.

4. *Dial* de ajuste de intensidade

Esse é o tipo de reação mais comum de muitos líderes de louvor ao perceber que a reunião não está tocando a esfera da Glória de Deus. Eles sabem que algo precisa mudar para poder haver um avanço na reunião, por isso começam "a ajustar o *dial*" do nível de intensidade. Retornam ao poder da carne e começam a agitar a reunião no poder deles mesmos.

"Não estou ouvindo vocês! Vamos lá, gente, soltem a voz!"

Em seguida, fazem um sinal para os músicos: "Mude para um tom mais alto, por favor". (Um tom mais acima faz com que todos cantem mais alto.)

"Vamos todos ficar de pé e louvar o Senhor! Não deixem que as pedras louvem em nosso lugar!" (Quando as pessoas se levantam, é como se elas se entregassem mais ao louvor.)

"Levantem as mãos, todos!" (Agora parece mesmo que está acontecendo algo.)

Um sinalzinho para o baterista: "Mais rápido!".

"Batam palmas, vamos fazer uma oferta de palmas."

"Sejam livres. Dancem perante o Senhor!".

Um sinal de "positivo" para o guitarrista significa: "Um pouco mais alto".

Outro sinal para a equipe de dança e de pandeiros os faz se moverem para a frente do púlpito.

"Se você obtete a vitória, então brade a Deus com voz de triunfo!"

Mais rápido, mais alto, mais forte, mais firme. Se Deus não está manifestando sua Glória, nós só faremos coisas para convencer a todos de que atingimos de fato a Glória de Deus.

> O empenho dos líderes de louvor para produzir um avanço, em geral, é muito sincero, mas é uma armadilha comum para confundir a ação humana com progresso espiritual.

O empenho dos líderes de louvor para produzir avanço, em geral, é muito sincero, mas é uma armadilha comum para confundir a ação humana com progresso espiritual. *O fato de tudo ser mais rápido, mais alto, mais intenso e mais efusivo não significa necessariamente que chegamos mais perto da Glória de Deus.* Na verdade, é possível que esse empenho, quando motivado pela carne em vez do Espírito, opere contra os propósitos de Deus para o encontro. Aqueles que têm o discernimento aguçado perceberão que o líder não está agindo no Espírito e poderão descobrir, eventualmente, que suas almas resistem às exortações do líder. Quando há um espírito que resiste em ser alcançado, com toda certeza, não vamos atingir a Glória.

Muitos líderes de louvor ficam nervosos por causa da resistência do rebanho. Suas exortações ao louvor são contaminadas com um tom de frustração. Na minha própria história de líder de louvor havia ocasiões em que eu ficava tão irritado com as pessoas quando dirigia os cânticos que só faltava chutá-las. (Elas são chamadas de "ovelhas" e, como se sabe, as ovelhas são "burras"!) Por dentro eu pensava: "Estou dando o melhor de mim a este culto, e tudo que vocês conseguem fazer é ficar aí sentados feito uma massa amorfa sem fazer nada para animar a alma de vocês e bendizer ao Senhor!". Alguns líderes de louvor, por zelo pela casa de Deus, até já esbofetearam a noiva com suas palavras de ira e frustração.

> Alguns líderes de louvor, por zelo pela casa de Deus, até já esbofetearam a noiva com suas palavras de ira e frustração.

Antes de passar ao próximo ponto, quero fazer uma observação a respeito de algo que observei na Igreja no momento atual. Existem dois elementos essenciais na adoração: o início e a reação. No atual movimento do Espírito, parece-me que, em sentido geral, o Espírito está honrando "a resposta primeiro, e a iniciativa em segundo" (ao contrário de primeiro a iniciativa e a resposta em segundo lugar). Vou explicar.

No início, nós nos levantamos em espírito para tornar a adoração gloriosa, para louvar a Deus com todo nosso ser, de acordo com a medida da sua excelente grandeza. É nossa iniciativa em relação a ele. Como resposta, estamos sendo levados pelo impulso do Espírito Santo e deixando que ele tome a iniciativa em relação a nós. Quando ele inicia, nós respondemos. Muitos líderes de louvor têm um modelo mental para fazer o auditório ter a iniciativa do louvor, na esperança de que Deus venha ao culto e nos capacite a reagir à sua presença. Mas Deus honra exatamente o oposto. *Ele reconhece os líderes que chegam atenciosamente em sua presença, esperando que ele tome a iniciativa para com eles e depois ajudam as pessoas a responder ao Senhor com iniciativa recíproca.* Nesse modelo há muito menos tendência ao exagero, pois o Espírito Santo é considerado o único responsável por mover as pessoas a adorar – não o líder de louvor nem os músicos.

Obrigado por me acompanhar nessa breve digressão. Agora vamos voltar à quinta maneira com a qual podemos reagir quando não vemos a Glória de Deus em nossos momentos de louvor.

5. Desmentir o que de fato ocorre

Nós nos reunimos para o culto e cerca de 20 minutos depois chega a clara consciência de união no Espírito, e a presença de Deus começa a cair como orvalho sobre o salão. Há uma resposta coletiva quando a congregação se abre para a presença do Senhor. O líder de louvor não está nem um pouco aliviado. "Talvez eles queiram me demitir depois disso", imagina. Todos se sentam para ouvir o sermão, satisfeitos que Deus ainda esteja presente entre eles.

"Então, o que você acha?", perguntamos uns aos outros depois do culto. "Foi bom hoje, não?".

"Sim, certamente", é a resposta. "Foi muito bom. Puxa, que culto de adoração!"

"Quero dizer, foi um culto ou o quê?!"

"Sim, senhor! Nós tivemos um culto verdadeiro hoje!"

"E a presença de Deus, não foi suave?"

"Suave? Sim, a palavra é essa, sem dúvida foi suave e doce hoje."

E ninguém vai reconhecer que o rei está nu. Ninguém confessa: "Temos a presença de Deus, mas não temos sua Glória". Temos a presença e o brado, e estamos perdendo a guerra. Mas estamos todos nos convencendo uns aos outros de que tudo está como deveria estar.

Ninguém confessa:
"Temos a presença de Deus,
mas não temos sua Glória".

Alguns leitores estão neste exato momento em conflito com as próprias atitudes para com a liderança de sua igreja local e estão pensando: "Rapaz, eu queria que o líder de louvor da minha igreja lesse isso e entendesse a mensagem!". Outros são líderes de louvor e estão pensando: "Será que as pessoas percebem quando eu nego o óbvio ou ajusto o *dial* do nível de intensidade?".

Não estou escrevendo isso para estimular críticas nem para pôr à tona a insegurança dos líderes de louvor. Digo isto para ser absolutamente transparente acerca de uma dinâmica que é universal nas igrejas, mas nem sempre é reconhecida. Não faça de minhas palavras munição para o seu descontentamento. Em vez disso, vamos entender que estamos todos juntos nisso porque – acredito que posso falar pela maioria dos líderes de igreja – estamos fazendo o melhor que sabemos. Quando lutamos com nossas inseguranças como líderes ou enxergamos as deficiências dos outros, devemos nos comprometer de novo a orar. A direção que eu desejo que isto lhe indique – a de Deus – nos leva à minha última consideração.

Desespero: a reação acertada

O que, então, devemos fazer quando temos a presença, mas não temos a Glória? Se não é Deleite, Desânimo, deixar no *Default* (automático), ajustar o *Dial* do nível de intensidade, tampouco Desmentir o que de fato acontece, qual é, então, a resposta? É uma simples palavra: "Desespero".

Essa é a resposta que diz: "Senhor Deus, nós não sabemos por que não estamos atingindo sua Glória nem sabemos o que fazer para solucionar isso, no entanto estamos desesperados pelo Senhor!".

Gente desesperada faz qualquer coisa para atingir seu objetivo. Não se preocupa com a forma, não se importa com a opinião pública, tampouco se preocupa em ficar no controle ou em atuar com segurança. Essa gente está desesperada!

Toda igreja cria sua própria "rotina" com o tempo, um modelo ou estilo de adoração que se torna confortavelmente conhecido da congregação. Os membros quase conseguem prever com precisão o que vai acontecer em seguida porque já memorizaram a ordem do culto. Essa rotina se transforma em comodismo, e qualquer coisa que os tire dela passa a ser uma ameaça.

> As pessoas desesperadas já não levam mais em conta a comodidade.

Mas as pessoas desesperadas já não levam mais em conta a comodidade. Elas não se preocupam em manter o *status quo* porque existe algo por que elas anseiam mais que cultos tranquilos. *Têm um clamor insaciável pela Glória!*

Que o Senhor ponha em nosso coração esse desespero, que nos obrigaria a abolir a "rotina da Primeira Igreja", a nos prostrar de rosto em terra perante Deus e procurar sua Glória. Quando você não souber o que está errado em determinado culto e não souber o que fazer, tente isto: consultar a Deus. Detenha o mecanismo que tão facilmente passa vagaroso e rangendo ao largo do Espírito Santo e deixe que um grito de desespero o empurre para diante da face de Deus. Você pode até dizer à congregação: "Santos, não creio que já tocamos o coração de Deus em nosso culto hoje. Não sei o que fazer, mas desejo ardentemente me encontrar com Deus. Vamos invocar o nome do Senhor juntos!".

Quando nós, pastores e líderes de louvor, pensamos na possibilidade de parar tudo e consultar a Deus, temos de enfrentar sinceramente algumas questões bem difíceis:

- "Será que estou disposto a me arriscar a passar pelo constrangimento de reconhecer minha pobreza e miséria diante da congregação?"
- "Será que estou disposto a aceitar a incerteza e a hesitação?"
- "Será que estou disposto a abrir mão do controle?"

Isso exige que os líderes se revistam de humildade e quebrantamento perante toda a congregação, mas se Deus de fato nos fizer desesperados por ele, nós não nos importaremos. Mesmo que minha incerteza me faça parecer tolo e incapaz, isso não importa porque, acima de tudo, eu tenho de ver a Glória de Deus!

Infelizmente, muitos líderes e equipes de louvor chegam ao culto de adoração para "cumprir uma obrigação de trabalho". Segundo eles mesmos, o trabalho deles é realizar um culto exitoso, e acham que foram bem-sucedidos quando a maioria das pessoas sai da reunião com sentimento de satisfação e realização. Essa mentalidade de "executar um trabalho" pode transformar os líderes de louvor em mercenários – líderes que não entregam o coração na adoração a Deus, mas se encarregam de que todas as outras pessoas deem amor a Deus. Esse modelo de dirigir o louvor não está mais funcionando, não está agradando ao Pai.

> Dirigir o louvor é "tomar seu clamor particular e torná-lo público".

Minha definição de dirigir o louvor é esta: dirigir o louvor é "tomar seu clamor particular e torná-lo público". Implica a sensibilidade de tomar seu anseio por Deus e expressá-lo a ele na presença de toda a congregação. Onde você está perante Deus no seu caminhar individual com ele? Você permitiria que as pessoas vissem o seu próprio desespero por Deus? Se você se apresentar às pessoas com a autenticidade de suas próprias lutas e alegrias e elevar seu coração para o Senhor em simplicidade e transparência, acredito que descobrirá que a congregação vai acompanhá-lo com entusiasmo até a presença do Rei.

Nós não nos reunimos para realizar um encontro; nós nos reunimos para nos encontrar com Deus! Os líderes que estão desesperados para ver Deus vão descobrir que o rebanho está mais que disposto a segui-lo nessa busca desprendida da Glória divina.

Capítulo 7

ALCANÇAR O REINO DA GLÓRIA

Eu estou completamente desesperado para contemplar a Glória de Deus – e acredito que você também esteja! A sede mais santa que podemos ter é a sede da Glória de Deus. Oh, contemplar a glória divina! Esse era o clamor de Moisés. Ele orou: "Peço-te que me mostres a tua glória" (Êxodo 33.18). O fato de Deus ter respondido à oração dele é prova de que está disposto a ouvir e responder aos nossos clamores por sua Glória. A Glória está chegando, e Deus quer que você tenha contato com ela.

    Neste capítulo quero começar a definir como é essa Glória que nós desejamos com tanta seriedade e dizer como podemos atingi-la. Meu objetivo não é apenas instruir você sobre a realidade da Glória, mas inflamá-lo com uma paixão nova por contemplar a Glória divina. Oro para que, enquanto você lê este capítulo em atitude de oração, o Senhor mexa profundamente em seu espírito e desperte um desejo renovado de ver a Glória dele.

    Quando Moisés orou: "Peço-te que me mostres a tua glória" (Êxodo 33.18), o contexto dessa oração era importante estrategicamente. Uma série de fatos dignos de nota precedeu essa oração. Poucos homens na Bíblia tiveram um encontro com a Glória de Deus como Moisés teve. Tudo começou no dia em que ele viu a sarça que queimava no deserto, mas não se consumia.

Talvez você conheça bem a história de Moisés, mas deixe-me recapitular os encontros dele com a Glória e o poder de Deus.

- Ele viu no deserto uma moita que estava em chamas, mas não se consumia. Em seguida, ouviu a voz audível de Deus mandando-o tirar as sandálias porque ele estava em solo sagrado. Deus continuou apelando expressamente para que ele guiasse seu povo do Egito à terra prometida.
- Moisés jogou a vara no chão e esta se transformou numa serpente; depois levantou-a pela cauda e ela se transformou novamente em vara.
- Moisés colocou a mão no peito, retirou-a, e a mão apareceu leprosa; colocou de novo a mão no peito e, quando a retirou novamente, a mão estava saudável.
- Ele viu quando as dez pragas assustadora assolaram o Egito: sangue, rãs, piolhos, moscas, peste, furúnculos, granizo, gafanhotos, trevas e a morte dos primogênitos. Esses castigos de Deus se cumpriram diante dos olhos de Moisés e reduziram a nação do Egito a ruínas.
- De modo impressionante, uma neblina protetora se aderiu ao chão entre Israel e o exército egípcio enquanto um forte vento soprou sobre o mar, separando as águas.
- O povo atravessou o leito do mar, no chão seco, com uma parede de água de cada lado.
- Já na outra margem, os israelitas observaram quando o mar retornou ao que era, matando todo o exército do faraó. Havia cadáveres espalhados por toda a praia.

- As águas amargas de Mara foram transformadas em água potável com o lançamento de um arbusto dentro delas.
- O maná dos céus apareceu sobre o chão e a água brotou de uma rocha quando Moisés a golpeou.
- Depois, o povo chegou ao monte em que o próprio Deus desceu em fogo e numa densa nuvem. Enormes colunas de fumaça subiram ao céu, houve relâmpagos e trovões, todo o monte tremeu, o povo ouviu o soar de uma trombeta cujo volume aumentava cada vez mais e depois ouviu a voz do próprio Deus. Deus ameaçou com pena de morte a qualquer homem ou animal que se atrevesse a subir o monte. Em seguida, disse a Moisés: "Suba!".
- Moisés escalou o monte sob a ordem de Deus e permaneceu ali durante quarenta dias e quarenta noites no fogo da Glória de Deus.
- Em seguida, Moisés pediu a Deus que lhe mostrasse sua Glória, e Deus lhe mostrou as costas.

Níveis de intensidade espiritual

Um dos primeiros fatos que se podem observar na cronologia que citei é o aumento geral de intensidade nos encontros de Moisés com a Glória de Deus. A sucessão se inicia quando ele avista a sarça em chamas e culmina com a visão das costas de Deus. Isso ressalta a existência de um amplo leque de intensidade de condição espiritual – algo quase semelhante ao funcionamento do controle de volume de um rádio. Deus pode aumentar a intensidade de suas manifestações espirituais do silêncio quase completo ao trovão ensurdecedor.

Há vários graus de intensidade da presença divina e vários graus de intensidade de sua Glória. Em primeiro lugar, vamos falar sobre os vários graus da presença divina.

Há vários graus de intensidade da presença divina e vários graus de intensidade de sua Glória.

Percebemos que a presença de Cristo se manifesta em variados graus de intensidade quando o adoramos. No nível mais elementar, Deus é onipresente (isto é, ele está em todo lugar o tempo todo) e, portanto, está presente em nosso meio. Num nível mais elevado, Jesus se "apresenta" a si mesmo quando seu povo se reúne no nome dele: "Pois onde se reunirem dois ou três em meu nome, ali eu estou no meio deles" (Mateus 18.20). A presença de Deus se manifesta de forma ainda mais clara quando o seu povo o louva e adora em conjunto: "Tu, porém, és o Santo, és rei, és o louvor de Israel" (Salmos 22.3). Em outras palavras, quando louvamos juntos a Deus, o Senhor se assenta no seu trono em nosso meio. Esse aspecto da presença divina é tão perceptível que muitas vezes podemos senti-la conosco quando o adoramos em grupo. Às vezes, nossa consciência da presença de Deus em nosso louvor coletivo é muito clara e outras vezes ela pode se exceder em intensidade.

Deus nos prometeu sua presença:

- "Eu mesmo o acompanharei, e lhe darei descanso" (Êxodo 33.14).
- "E eu estarei sempre com vocês, até o fim dos tempos" (Mateus 28.20).

- "'Deus mesmo disse: "Nunca o deixarei, nunca o abandonarei"'" (Hebreus 13.5).

Quer seja fraca, quer seja forte a nossa consciência da presença divina, nós temos a confiança de que ela está sempre conosco. É possível entender isso tanto como uma ameaça quanto como uma promessa, mas a verdade é que, apesar de Deus ser um fogo consumidor, ansiamos por sua presença em nossa vida.

Mesmo havendo graus de intensidade no domínio da presença, de modo semelhante há graus de intensidade no domínio da Glória.

Existem níveis de glória

Uma coisa é evidente: Moisés não experimentou a dose plena da Glória de Deus. Se tivesse passado por isso – não há dúvida –, Moisés teria morrido ali mesmo onde estava (veja Êxodo 33.20). Deus só pode revelar a Moisés um grau diluído, menos intenso, de sua Glória. Mesmo assim, entretanto, foi a maior manifestação da Glória que Moisés havia contemplado até então – embora ele tenha vivido no fogo durante mais de quarenta dias.

O gráfico a seguir é uma tentativa imperfeita e insuficiente de procurar ilustrar o gradiente de intensidades da pessoalidade de Deus. Mesmo não sendo muito importante, visto que ainda é incipiente, o diagrama representa a grandiosidade da presença e da Glória de Deus.

No meu entender, a presença e a Glória constituem um conjunto contínuo. A presença pode se tornar tão forte que Deus supera a divisão e manifesta sua Glória de forma tangível. A representação gráfica não termina porque as intensidades da Glória de Deus são ilimitadas. A onipresença de Deus (o nível em que 95% da Terra vive a maior parte do tempo) talvez fique em torno de zero ou um no domínio da presença.

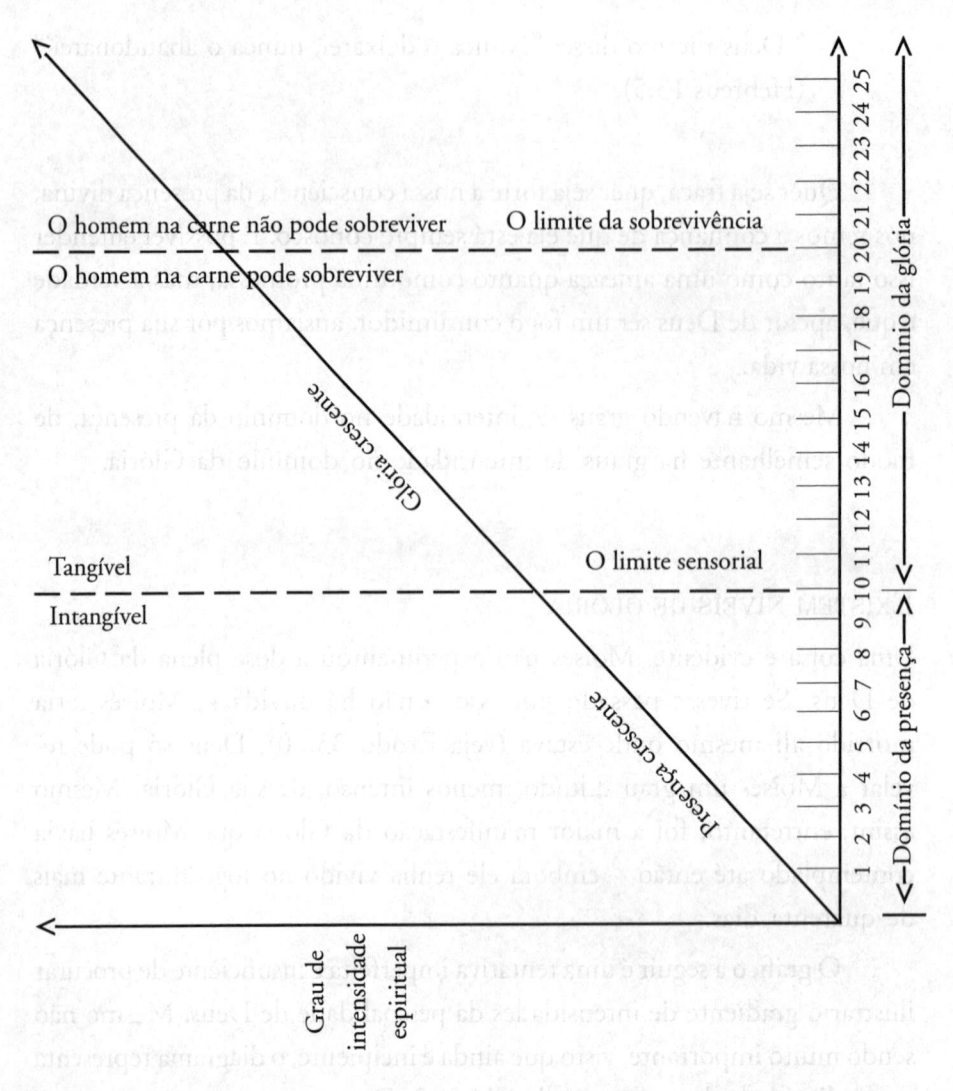

[Diagrama: gráfico com eixo vertical numerado de 1 a 25, mostrando as regiões "Domínio da presença" (aproximadamente 1-10) e "Domínio da glória" (aproximadamente 10-25). Linhas tracejadas horizontais indicam:
- "O homem na carne não pode sobreviver" / "O limite da sobrevivência"
- "O homem na carne pode sobreviver"
- "Tangível" / "O limite sensorial"
- "Intangível"

Uma linha diagonal descendente da esquerda superior para a direita inferior indica "Glória crescente" e "Presença crescente". O eixo horizontal representa o "Grau de intensidade espiritual".]

A presença manifesta de Deus num momento coletivo de elevada adoração pode registrar-se em torno de nove ou dez. Em seguida, entramos na esfera em que nos movemos da presença para a Glória – onde atravessamos o limite sensorial. Quando Deus cura um doente, estamos falando de manifestação da Glória, que se pode registrar em torno de doze no domínio da Glória. O limite de sobrevivência é o ponto em que a Glória de Deus se faz tão intensa que o indivíduo em seu corpo da carne poderia ser morto se exposto a esse nível de Glória.

Eu nem sequer sei descrever nem retratar os variados graus de Glória, porque se trata de um aspecto que na maior parte está além de minha experiência pessoal até agora. Quando leio Salmos 19.1, percebo que o texto se refere ao menor nível de Glória: "Os céus declaram a glória de Deus; o firmamento proclama a obra das suas mãos". Nesse nível, a Glória não está sendo vivida de fato. Quando se observa o universo, nota-se que ele dá testemunho da Glória de Deus. O universo brada: "Deus existe e sua glória é real". Essa Glória, porém, não é experimentada ao olhar para os céus; ela apenas indica a existência da Glória de Deus.

Deus está se preparando para nos imergir num grau de Glória que nem sequer as criaturas que vivem no seu trono podem suportar.

A maior intensidade de glória de que a Bíblia nos fala está registrada, na minha opinião, em Apocalipse 15.8: "O santuário ficou cheio da fumaça da glória de Deus e do seu poder, e ninguém podia entrar no santuário enquanto não se completassem as sete pragas dos sete anjos". Esse versículo não está se referindo ao templo de Salomão nem a nenhum templo terreno; está fazendo menção ao verdadeiro templo celestial. A Glória de Deus encheu o templo celestial com tamanha intensidade que ninguém – anjo, ancião, querubim, criatura alguma, ninguém – foi capaz de adentrar a essa Glória. Essa intensidade de Glória estaria "fora do gráfico" de nossa representação anterior. É surpreendente pensar que os santos que habitam o próprio trono de Deus e vivem entre as pedras incandescentes não são capazes de suportar a plenitude da Glória de Deus quando ela se manifesta! Mas o comunicado das Escrituras é que nós, a Igreja, estamos sendo preparados para esse grau de Glória. Deus está se preparando para nos imergir num grau de Glória que nem sequer as criaturas que vivem no seu trono podem suportar. A Glória que aguarda a noiva de Jesus é completamente inimaginável! Santos, o testemunho da Bíblia é verdadeiro: nós não temos a mínima ideia do que Deus preparou para nós! Ah, mas sem dúvida nenhuma, é glorioso só de pensar nisso tudo.

DE VOLTA A MOISÉS

Vamos voltar a Moisés, no monte. Essa é uma das histórias mais sublimes de toda a Bíblia. Obedecendo ao chamado de Deus, Moisés subiu, em meio às densas trevas, o monte onde Deus estava, no próprio fogo de Deus. Permaneceu lá em cima durante quarenta dias, sem comer nem beber nada, na ocasião em que recebeu os Dez Mandamentos escritos nas tábuas de pedra.

Moisés desceu do monte, viu o povo adorando um bezerro de ouro, quebrou as tábuas de pedra, destruiu o bezerro de ouro e depois subiu de novo o monte e lá ficou mais quarenta dias. Ele ficou ao todo oitenta dias no monte! Sem comida, nem água, apenas vivendo na proximidade imediata do fogo da presença de Deus. Ele não percebeu, mas tinha sido tão iluminado pela aura de fogo de Deus que seu rosto estava começando a brilhar com a luminescência. E é nessa ocasião, no segundo período de quarenta dias no monte, que ele fez sua clássica oração: "Por favor, mostra-me tua glória".

A RESPOSTA DE DEUS

Eu poderia imaginar que Deus ficasse irritado com esse pedido. No meu pensamento natural, eu imaginaria Deus dizendo: "Depois de tudo que você viu, Moisés, e depois de toda a glória que eu lhe mostrei, tudo que você faz é estender essa mão ossuda e pedir *mais*?". Em vez de irar-se, porém, Deus na verdade atendeu ao pedido dele. Vamos ler a história em Êxodo 33, começando pelo versículo 12 (os versículos são numerados para facilitar a consulta).

> *12 Disse Moisés ao Senhor: "Tu me ordenaste: 'Conduza este povo', mas não me permites saber quem enviarás comigo. Disseste: 'Eu o conheço pelo nome e de você tenho me agradado'. 13 Se me vês com agrado, revela-me os teus propósitos, para que eu te conheça e continue sendo aceito por ti. Lembra-te de que esta nação é o teu povo". 14 Respondeu o Senhor: "Eu mesmo o acompanharei, e lhe darei descanso". 15 Então Moisés lhe declarou: "Se não fores conosco não nos envies. 16 Como se saberá que eu e o teu povo podemos contar com o teu favor, se não nos acompanhares? Que mais poderá distinguir a mim e a teu povo de todos os demais povos da face da terra?" 17 O Senhor disse a Moisés: "Farei o que me pede, porque tenho me agradado de você e o conheço pelo nome". 18 Então disse Moisés: "Peço-te que me mostres a tua glória". 19 E Deus respondeu: "Diante de você farei passar toda a minha bondade, e diante de você proclamarei o meu nome: o Senhor. Terei misericórdia de quem eu quiser ter misericórdia, e terei compaixão de quem eu quiser ter compaixão". 20 E acrescentou: "Você não poderá ver a minha face, porque ninguém poderá ver-me e continuar vivo". 21 E prosseguiu o Senhor: "Há aqui um lugar perto de mim, onde você ficará, em cima de uma rocha. 22 Quando a minha glória passar, eu o colocarei numa fenda da rocha e o cobrirei com a minha mão até que eu tenha acabado de passar. 23 Então tirarei a minha mão e você verá as minhas costas; mas a minha face ninguém poderá ver"* (Êxodo 22.12-23).

No versículo 14, Deus disse a Moisés: "Eu mesmo o acompanharei". Isso é na verdade uma mudança da posição anterior de Deus, no capítulo no qual disse que, em vez de acompanhá-lo pessoalmente, ia enviar um anjo com eles até Canaã. A explicação de Deus foi: "Mas eu não irei com vocês, pois vocês são um povo obstinado, e eu poderia destruí-los no caminho" (Êxodo 33.3). Deus estava cansado do fato de toda vez que se aproximava de seu povo milhares morriam por causa da santidade divina e de suas veleidades. Moisés, porém, rogou ao Senhor, por isso este mudou de ideia. Deus decidiu acompanhar o povo pessoalmente. No versículo 14, ele garantiu a Moisés: "Eu mesmo o acompanharei".

A resposta de Moisés no versículo 15 dizia essencialmente: "Se o Senhor não for conosco, nem nos envie. Não estou disposto a liderar essa marcha se o Senhor não for conosco".

No versículo 16, Moisés faz a fascinante observação de que a presença divina é um sinal que distingue o povo de Deus. Nossas reuniões coletivas têm muitos dos mesmos elementos que os bares e clubes noturnos do mundo: boa companhia, música de ótima qualidade e até comida e bebida. Entretanto, uma coisa nós temos que esses lugares não têm: trata-se da presença de Deus! Sem a presença divina nós podemos fechar as portas e nos juntar ao mundo. É a presença de Deus que nos distingue e separa dos outros.

A presença de Cristo em nossas
congregações é uma garantia absoluta.

No versículo 17, Deus sela seu compromisso com uma segunda garantia. Em essência Deus está dizendo: "Tudo bem, Moisés, você conseguiu. Minha presença está garantida. Negócio fechado. Eu vou com vocês". Essa maravilhosa certeza de Deus continua conosco hoje. Deus ainda nos promete estar conosco. Ele nos disse de modo inequívoco: "Pois onde se reunirem dois ou três em meu nome, ali eu estou no meio deles" (Mateus 18.20). A presença de Cristo em nossas congregações é uma garantia absoluta. Não precisamos cantar por sua presença; não precisamos bater palmas nem bradar pela sua presença; não precisamos orar por sua presença. Quando nos reunimos no nome de Cristo, sua presença é certa e imediata. Graças a Deus, ele está conosco!

Mas então Moisés responde ao Senhor no versículo 18 (vou parafraseá--lo expandindo um pouco mais o que ouço Moisés dizer): "Obrigado, Senhor, por sua presença. Sem a sua presença, eu renuncio. Estou muito contente que o Senhor esteja nos prometendo a sua presença. Nós precisamos dela urgentemente! Mas..." (Moisés para e hesita) "... ela não é suficiente. Eu quero mais. Quero mais que apenas a sua presença. Eu quero sua Glória. Por favor, mostra-me sua Glória!".

O Senhor manifestou seu contentamento com o pedido de Moisés consentindo. A resposta de Deus foi mais ou menos assim: "Tudo bem, Moisés, vou atender ao seu pedido. Veja o que vou fazer. Vou fazer passar toda minha benevolência diante de você e vou proclamar o nome do Senhor diante de você. Vou ser generoso para com quem eu quiser ser generoso e vou ter compaixão de quem eu quiser ter compaixão". Deus decidiu dar a Moisés uma de suas revelações mais singulares de si mesmo, que nenhum homem na história tivera (a não ser o próprio Jesus).

O QUE É EXATAMENTE A GLÓRIA?

A primeira pergunta que esse relato suscita é: "O que é a Glória de Deus?". Quando pedimos que ele nos mostre sua Glória, o que exatamente estamos pedindo?

Acredito que o próprio Senhor nos deu uma definição dupla de sua Glória no versículo 19. O primeiro aspecto da Glória se encontra nestas palavras: "Diante de você farei passar toda a minha bondade". Deus está basicamente dizendo: "Moisés, você vai ver algo, sim. Vai ver a minha Glória com seus olhos naturais". Logo, a primeira característica da Glória é que ela é percebida por um ou mais dos cinco sentidos, no nível sensório natural. É um encontro em que se vê, ouve, cheira, sente o gosto ou sente de fato realidades espirituais. Não se trata do nível de "impressões interiores", mas de experiência física real. Algumas pessoas sentiram de fato um aroma celestial nos cultos de louvor. Outras viram uma nuvem de anjos ou mesmo o próprio Jesus. E outras ainda ouviram anjos cantando ou Deus falando. Quando alguém tem uma experiência espiritual que é percebida de fato no nível sensorial/físico, está atingindo o domínio da Glória. Essa é a primeira metade da Glória.

A primeira metade da glória:
percebemos realidades espirituais com um ou mais
dos cinco sentidos, no nível sensório natural.

A segunda metade da glória é definida na segunda expressão do Senhor do versículo 19: "Diante de você proclamarei o meu nome: o Senhor". Deus estava dizendo: "Moisés, eu vou proclamar meu nome diante de você de tal maneira que irá além da audição física e se transformará em audição espiritual verdadeira. Vou fazer com que minhas palavras estalem em seu espírito. O Espírito de sabedoria e revelação vai acender como uma bomba em seu coração e sua mente, os olhos de seu entendimento vão ser iluminados, você vai compreender realmente todo o portento do que estou lhe dizendo, e você vai me conhecer melhor". É Deus revelando Deus ao espírito humano, e não existe nada melhor que isso! Essa é a parte da Glória que me empolga de verdade. Não é só uma experiência sensorial, mas também é uma experiência pela qual o Espírito Santo nos capacita de modo sobrenatural a compreender a verdade espiritual de nosso homem interior de maneira que possamos conhecê-lo melhor. Uau!

> A segunda metade da glória:
> o Espírito Santo nos capacita de modo sobrenatural
> a compreender a verdade espiritual de nosso homem
> interior de maneira que possamos conhecê-lo melhor.

Essa definição dupla de Glória é coerente com a experiência do apóstolo João (bem como a de muitos outros na Bíblia). De acordo com seu relato de Apocalipse 1, João viu literalmente, com os olhos naturais, o Cristo ressuscitado, mas a experiência não parou por aí. Jesus em seguida anunciou seu nome a João: "Eu sou o Alfa e o Ômega [...], o que é, o que era e o que há de vir, o Todo-poderoso. [...] Eu sou o Primeiro e o Último. Sou Aquele que Vive. Estive morto mas agora estou vivo para todo o sempre! E tenho as chaves da morte e do Hades" (Apocalipse 1. 8, 18). O coração de João deve ter quase explodido com a revelação das palavras de Cristo quando ele pronunciou essas verdades impressionantes diretamente no espírito dele. João não só viu e ouviu, mas também compreendeu. *Isso* é Glória!

Glória é o domínio do véu levantado (2 Coríntios 3.18) – quando Deus levanta o véu que nos separa do domínio eterno e nos revela realidades espirituais. Eu defini a Glória de Deus como "a invasão da realidade divina no domínio humano". A Glória de Deus é bem real, até mais real que o universo físico, mas nós não a vemos. De vez em quando, entretanto, Deus invade nossa esfera física com suas realidades espirituais. Quando isso ocorre, nós provamos da Glória.

DE QUE MODO TOCAMOS O DOMÍNIO DA GLÓRIA?

Quando escrevo sobre essas coisas, tenho uma inquietação santa. Meu coração começa a doer de expectativa, anseio e desejo. Talvez, enquanto você lê, o seu também arda. A pergunta que naturalmente segue é: "Como posso tocar essa Glória?".

Nós a queremos tanto e desejamos saber como experimentá-la nós mesmos. Não ficamos satisfeitos de apenas ler a experiência de Moisés. Não queremos simplesmente usufruir a Glória por meio de Moisés. Queremos experimentar a Glória nós mesmos! Mas o que devemos fazer para tocar essa glória?

> Glória é algo por que se deve lutar.

O exemplo de Moisés ensina que é preciso pedir a Glória. Glória é algo por que se deve *lutar*. Ela não cai no colo de ninguém, é preciso ir atrás dela. "Por favor, mostre-me tua glória."

Entretanto, pedir Glória não é garantia de que se vai experimentar plenamente o que se deseja. Como Deus continua falando disso no versículo 19, ele está de fato nos revelando algo de seus caminhos. Deus disse: "Terei misericórdia de quem eu quiser ter misericórdia, e terei compaixão de quem eu quiser ter compaixão".

Em outras palavras, Deus está dizendo: "Vou conceder essa graça a quem eu quiser conceder, quando eu decidir, do modo que eu preferir". Deus está nos dizendo que a dispensação da Glória é gerida totalmente pela jurisdição de sua soberania real. Deus dá Glória a quem ele preferir, quando ele decidir. A Glória está sob custódia de sua decisão soberana. Ele a dá quando quer; retém quando quer. É tudo questão de misericórdia.

Em outras palavras, Deus está dizendo:
"Vou conceder essa graça a quem eu quiser conceder,
quando eu decidir, do modo que eu preferir".

Isso me dá esperança porque Deus não revelou sua Glória a Moisés com base em alguma exigência arbitrária que eu jamais serei capaz de satisfazer. Não foi porque Moisés estava muito velho; porque tinha cabelos brancos; porque era muito simpático nem por causa do seu índice de massa corporal. Não tinha nada a ver com as características naturais nem com o carisma pessoal de Moisés. Deus simplesmente decidiu: "No seu caso, Moisés, vou responder afirmativamente". Isso me dá esperança de que o Senhor decida dizer "sim" para mim também.

Tudo que podemos fazer é tremer de desejo e pedir. Implorar. Suplicar. Ansiar. Suspirar. Não temos controle sobre a decisão de Deus de nos mostrar ou não sua Glória. Não podemos jejuar e orar para chegar à Glória, nem profetizar que chegaremos à Glória, nem dançar na Glória, dar ofertas que induzam a Glória, tampouco calar a Glória. (Lembre-se: quase todos nós tentamos muito esses recursos.) Não podemos receber, merecer, nem preparar. No caso de Moisés, Deus disse "sim". No meu caso... bem, tudo o que sei fazer é pedir. E continuar pedindo. "Senhor, tenha misericórdia de mim e mostre-me sua Glória."

Deus revela sua estratégia

Agora vamos retomar a nossa história de como Deus revelou sua Glória a Moisés. Ele disse: "Você não pode ver minha face, pois homem nenhum pode me ver e continuar vivo". Deus sabia que se Moisés visse o seu rosto, sofreria uma parada cardíaca ali mesmo. O corpo humano pode suportar apenas alguns níveis de Glória. Por isso Deus tomou providência para que Moisés sobrevivesse ao encontro.

Deus decidiu mostrar as costas a Moisés. Entretanto, se isso não fosse feito corretamente, Moisés acabaria morrendo. Imagino Deus dizendo: "Tudo bem, Moisés, eu vou lhe mostrar minhas costas. Mas quero que você coopere comigo nisso, porque, se não fizermos isso do jeito certo, você vai acabar frito".

"Vou lhe dizer o que farei, Moisés. Vou colocá-lo nessa fenda da rocha a fim de que haja uma parede de rocha entre você e meu rosto. Mas, se tudo que você tiver for essa parede rochosa entre você e minha face, você acabará consumido. Por isso, vou lhe dar proteção dupla. Vou lhe dar a parede da rocha e também vou cobri-lo com minha mão.

"Em seguida, vou passar perto do afloramento da rocha. Quando eu tiver passado pela rocha protetora, Moisés, também vou tirar minha mão, e você terá uma vista direta, sem nenhum filtro, de minhas costas. Depois vou anunciar meu nome para você".

Certo, esse é o plano. Nós entendemos. Tudo bem, Moisés, termine o capítulo. Agora vamos ao versículo 24. Diga-nos o que aconteceu em seguida.

O versículo 24… não existe. O quê? Moisés, não pare aí. Termine o capítulo! Não faça isso conosco, Moisés! Nós queremos saber *o que aconteceu*! Como foi? O que você viu? O que sentiu? O que ocorreu dentro de você quando Deus anunciou o nome dele ao seu coração?

Moisés permanece em silêncio

É como se Moisés estivesse dizendo: "Não vou falar a respeito disso. Algumas coisas não são possíveis de expressar com palavras. É impossível falar delas".

Se, porém, Moisés quisesse nos contar o que aconteceu, acho que ficaríamos surpresos com sua história. Quando Deus removeu a mão, acredito que Moisés estivesse totalmente despreparado para a intensidade do que reluziu diante dele. Imagino Moisés dizendo: "Não consigo falar sobre isso. As palavras mal dão conta de definir. Deus passou pela rocha, e depois ela não estava mais entre mim e ele. Depois removeu a mão. Eu olhei e..." ZUUUM!

Minha opinião é que o encontro quase matou Moisés. Se ver a face de Deus poderia tê-lo matado, suponho que ter visto as costas de Deus quase o matou. Foi o máximo de Glória que qualquer ser humano na carne poderia ter suportado sem morrer. Já que estar tão próximo da morte não é em geral uma situação agradável, suponho que o encontro não tenha sido de todo prazeroso para Moisés. Talvez tenha demorado dias para ele se recuperar (leia Daniel 8.27).

> Se ver a face de Deus poderia tê-lo matado, suponho que ter visto as costas de Deus quase o matou.

E agora cá estamos nós, olhando o preço diretamente e fazendo fila para dizer: "Nós também, Senhor! Mostre-nos sua glória!". Você talvez até pense que somos meio dementes ou malucos. Quem em sã consciência pediria para ser quase morto?

Entendo que não sei nem sequer o que estou pedindo quando digo isso, mas digo mesmo assim: "Senhor, mostre-me sua glória! Quero ver o Senhor e estou ansioso por ouvi-lo proclamar seu nome em meu coração. Eu também, Senhor!".

Dois versículos incríveis

Quando penso na intensidade da experiência de Moisés com a Glória, dois versículos da Bíblia me impressionam completamente. O primeiro foi escrito pelo próprio Moisés, o segundo, por Paulo.

O primeiro a que me refiro é dito por Moisés bem perto do fim de sua vida. Ele disse ao Senhor: "Ó Soberano Senhor, tu começaste a mostrar a teu servo a tua grandeza e a tua mão poderosa!" (Deuteronômio 3.24). Moisés estava dizendo em essência: "Senhor, eu vi a sua Glória de formas bem intensas. Vi o seu fogo; passei semanas na chama de seu santo monte; e observei suas costas. No entanto, reconheço que na verdade foi apenas o começo. Eu tão somente *comecei* a ver a sua grandiosidade. A intensidade de Glória que me espera na cidade eterna está além de qualquer coisa que eu nem comecei a imaginar".

Uau! Como será essa Glória? Um dia saberemos.

O segundo versículo que me deixa perplexo foi escrito por Paulo em sua segunda carta aos crentes de Corinto. Ele dedicou o terceiro capítulo dessa epístola ao tema da Glória. Depois de ter escrito sobre a Glória que Moisés viveu, e que esta até fez com que o rosto dele irradiasse luz, Paulo compara essa Glória com a Glória da Nova Aliança. É assim que ele faz sua comparação: "Pois o que outrora foi glorioso, agora não tem glória, em comparação com a glória insuperável" (2 Coríntios 3.10). Pela inspiração do Espírito Santo, Paulo está dizendo que, quando comparamos a Glória que Moisés experimentou na Antiga Aliança com a Glória em que entramos com a Nova Aliança, a Glória que Moisés conheceu é considerada "glória nenhuma".

> A glória do céu será tão intensa que nós olharemos para a que Moisés experimentou e a chamaremos de "glória nenhuma".

Nós somos comandados por essa tão magnífica Glória, que quando olhamos da Glória do céu para a Glória que Moisés experimentou, não a chamaremos simplesmente de "glória menor". Nem diremos "glória pequena". Na verdade, diremos que não é "glória nenhuma"! Vamos perceber que o que Moisés experimentou é uma glória tão insignificante que poderemos considerá-la inexistente. Minha pergunta é: que tipo de glória o Senhor preparou para nós, que, assim que a provarmos, consideraremos a visão de suas costas por Moisés sem glória em qualquer comparação?

Presença subjetiva vs. Glória objetiva

Nós não conheceremos a plenitude da Glória enquanto não chegarmos à outra vida, mas há graus de Glória que Deus às vezes concede nesta vida. Vamos lutar por essas manifestações de Glória! Ó, Senhor, por favor, mostre-nos sua glória e proclame seu nome para nossa mente espiritual!

Estou falando da Glória *objetiva* de Deus. A presença é subjetiva, a Glória é objetiva. Vou explicar.

Você já saiu de um culto de adoração e notou a pessoa sentada ao seu lado saindo iluminada como uma lâmpada elétrica? Ela dizia: "Uau, foi maravilhoso! Sem dúvida Deus estava na reunião hoje! Foi o melhor culto que tivemos neste lugar em muito tempo!". E caminhava como se flutuasse.

Mas você olha para essa pessoa como se ela fosse de outro planeta. Porque, até onde você sabe, esse foi um dos cultos mais mortos de que você participou. Isso acontece muito, não é? Para alguns, o culto foi inexplicavelmente rico; para você, foi seco e sem vida. Chamo isso de "domínio da presença".

No domínio da presença o que pessoas diferentes experimentam é muito subjetivo, algo individual. Uma pessoa recebe uma coisa, outra sente algo totalmente diferente. Uma é superabençoada, outra se sente completamente ignorada; uma se sente animadíssima, outra fica sonolenta. Quando

Deus nos visita com sua presença, todos reagem de modo diferente, de acordo com seu nível de fé, intensidade de concentração e de como Deus prefere tocá-los na singularidade de seus próprios desafios e necessidades.

O domínio da Glória, porém, é objetivo. Com "objetivo" eu quero dizer que todos experimentam o mesmo da mesma maneira, porque Deus passou de impressões espirituais a manifestações físicas. O domínio da Glória foi o que ocorreu quando a nuvem encheu o templo de Salomão na cerimônia de dedicação (2 Crônicas 5). *Todos* viram a nuvem; *nenhum* dos sacerdotes conseguiu suportar nem realizar o culto. A Glória se transformou em realidade objetiva na esfera física.

Quando a Glória chegar, "toda carne a verá".

No monte da transfiguração, Pedro não disse a Tiago e João: "Ei caras, algum de vocês está vendo Moisés? Vocês estão vendo Elias? Mais alguém está vendo a nuvem? Talvez eu apenas esteja em transe". Não, todos eles viram Moisés e Elias, todos eles viram Jesus em sua Glória, todos viram a nuvem e todos ouviram a voz do Pai. Todos tiveram a mesma experiência; era a Glória.

No Dia de Pentecostes, todos do grupo dos 120 ouviram o som de um vento impetuoso, todos tiveram línguas de fogo acima de si e cada um deles falou em outra língua. Todos viram e experimentaram o mesmo grau de Glória.

Quando a Glória chegar, "toda carne a verá" (Isaías 40.5). Os críticos serão calados; os céticos ficarão estupefatos; os agnósticos crerão; os ateus tremerão; os pecadores de Sião ficarão apavorados; os justos se alegrarão; os desviados se arrependerão; os indiferentes tremerão; os quentes ferverão; os frios serão obrigados a uma decisão; as crianças ficarão entusiasmadas; os mais velhos, revitalizados; os endurecidos serão julgados; a safra será colhida; o Pai será glorificado. Os homens vão experimentar juntos as manifestações irrefutáveis da realidade de Deus e todos se verão obrigados a reconhecer: "Verdadeiramente Deus está entre eles". Estou me referindo à GLÓRIA!

A GLÓRIA NA IGREJA

Ouçam, amados: a Igreja nasceu em glória! Desde o início, em Atos 2, Deus soprou a Glória nos genes daquilo que é a identidade de nosso corpo. Fomos criados para a glória (Isaías 43.7). Vocês receberam a promessa da presença, mas a Glória está no código genético de vocês. Vocês sempre serão gratos pela presença, mas jamais se satisfarão enquanto não tocarem a Glória.

> Vocês sempre serão gratos
> pela presença, mas jamais se satisfarão
> enquanto não tocarem a glória.

Permita-me lhe dizer como essa Glória será manifesta. Existe apenas um meio para a Glória de Deus na Terra. Ela não vai pousar no oceano nem chegará ao centro de algum continente em algum lugar. Essa Glória de que falamos está destinada a acontecer *por meio da Igreja*. É o que Malaquias predisse: "E então, de repente, o Senhor que vocês buscam virá para o *seu templo*" (Malaquias 3.1 – grifo do autor). Ageu 2.7-9 e muitos outros textos das Escrituras deixam clara a relação entre a Glória e o templo. Paulo reforçou essa verdade ao escrever: "A ele seja a glória *na igreja* e em Cristo Jesus, por todas as gerações, para todo o sempre! Amém!" (Efésios 3.21). É por isso que a Igreja tem ansiado, e eu estou escrevendo este livro para anunciar isso do modo mais claro possível: ELA ESTÁ VINDO!

Oh, e quando vier, Deus pode realizar mais num único derramamento de Glória do que nosso trabalho conjunto consegue produzir em dez anos. Oh, que o desespero santo tome conta de nossa alma. Ainda há mais! Senhor, por favor, mostre-nos sua Glória!

Capítulo 8

MOSTRA-ME TUA GLÓRIA

O foco deste livro é principalmente a manifestação da Glória de Deus por meio da Igreja adoradora de Jesus Cristo. Queremos demonstrações da Glória em nossas reuniões congregacionais! Todavia, há outro aspecto da Glória que é precioso e emocionante e tem a ver com a Glória de Deus vir particularmente a um indivíduo.

De fato, esse é o contexto do versículo principal deste livro. Moisés orou: "Peço-te que me mostres a tua glória" (Êxodo 33.18). Ele não orou: "Mostra-*nos* tua glória". Antes, orou: "Mostra-*me* tua glória". Moisés estava pedindo um encontro individual com a Glória de Deus, e Deus lhe deu.

Você chegou até aqui na leitura do livro por um único motivo: tem um clamor insaciável pela Glória de Deus. Estamos espreitando a Glória de Deus porque estamos tremendo de ansiedade, cheios do apaixonado clamor de Davi: "Quando virás ao meu encontro?" (Salmos 101.2). Deus traz sua Glória às congregações, mas também visita indivíduos particularmente com essa Glória. "Sim, Senhor! Eu também!"

> Há algumas coisas que posso
> fazer para me preparar individualmente
> para uma visitação particular da glória.

Um motivo por que essa verdade simples é tão fortemente animadora para mim é que, quando olho para o conjunto do corpo de Cristo, às vezes pergunto quanto trabalho Deus tem de realizar até estar pronto para liberar sua Glória na Igreja. Deus me livre de morrer sem ver sua Glória; quero uma parte da ação! Isso me faz sentir sem esperanças porque há relativamente pouco que eu possa fazer sozinho para preparar a Igreja em geral para a Glória. Entretanto, há algumas coisas que posso fazer para me preparar individualmente para uma visitação particular da Glória. Isso, portanto, me dá a esperança de que, se eu for diligente e fiel perante Deus, posso pelo menos ser favorecido com um encontro pessoal com a Glória dele, mesmo que a maior parte do corpo de Cristo ainda não esteja preparada.

Dois tipos de avanço da Glória

Percebo duas maneiras pelas quais Deus atravessa o abismo cósmico e nos toca com sua Glória. Em primeiro lugar, ele envia sua Glória do céu à Terra. É por isso que Isaías clama: "Ah, se rompesses os céus e descesses! Os montes tremeriam diante de ti!" (Isaías 64.1). Apocalipse 8.5 é um relato vivo de que Deus está fazendo exatamente isso: "Então o anjo pegou o incensário, encheu-o com fogo do altar e lançou-o sobre a terra; e houve trovões, vozes, relâmpagos e um terremoto".

Quando Deus rasga o céu a seu modo, às vezes é para visitar sua Igreja reunida com Glória. Foi o que aconteceu no Dia de Pentecostes

(Atos 2.1-4), quando o som de um vento impetuoso encheu o local e as línguas de fogo vieram sobre cada um dos presentes. Isso é a realidade de Deus invadindo a esfera humana, surgindo para grupos de pessoas e transformando cidades inteiras. Esses tipos de manifestação de Glória estão aumentando à medida que nos aproximamos da volta de Cristo. Entretanto, quando Deus rasga os céus e desce à Terra, nem sempre é para uma reunião congregacional. Às vezes Deus abre os céus para visitar um indivíduo (Jó, por exemplo).

Portanto, Deus pode descer e visitar você pessoalmente com a Glória. Essa, porém, não é a única maneira que Ele faz isso. É possível que ele também abra uma porta no céu e alce você para a Glória. Esse é o segundo avanço da Glória! Algumas pessoas na Bíblia experimentaram esse aspecto da Glória, mas, em todos os casos, o encontro delas com a Glória foi exclusivamente individual. Elas foram levadas ao céu sozinhas; ninguém mais as acompanhou. Foi exclusivamente um encontro individual com a Glória. A Bíblia jamais registra um grupo inteiro sendo elevado ao céu, apenas pessoas, uma de cada vez. E Deus ainda está se encontrando com algumas pessoas do mesmo modo nestes últimos dias.

A seguir, só alguns exemplos bíblicos de encontros particulares com a Glória:

Isaías viu o Filho assentado no trono do céu: "No ano em que o rei Uzias morreu, eu vi o Senhor assentado num trono alto e exaltado, e a aba de sua veste enchia o templo" (Isaías 6.1).

Daniel foi levado ao céu e registrou suas experiências. "Enquanto eu olhava, 'tronos foram colocados, e um ancião se assentou. Sua veste era branca como a neve; o cabelo era branco como a lã. Seu trono era envolto em fogo, e as rodas do trono estavam em chamas" (Daniel 7.9).

Paulo escreve de uma forma bem enigmática sobre sua própria experiência semelhante. "Conheço um homem em Cristo que há catorze anos foi arrebatado ao terceiro céu. Se foi no corpo ou fora do corpo, não sei; Deus o sabe" (2 Coríntios 12.2).

O apóstolo João também relatou o que lhe aconteceu. "Depois dessas coisas olhei, e diante de mim estava uma porta aberta no céu. A voz que eu tinha ouvido no princípio, falando comigo como trombeta, disse: 'Suba para cá, e lhe mostrarei o que deve acontecer depois dessas coisas'" (Apocalipse 4.1).

Ezequiel teve uma série de experiências de natureza semelhante. Ele escreveu: "Então o Espírito elevou-me e tirou-me de lá" (Ezequiel 3.14). "Ele estendeu o que parecia um braço e pegou-me pelo cabelo. O Espírito levantou-me entre a terra e o céu e, em visões de Deus, ele me levou a Jerusalém" (Ezequiel 8.3).

Senhor, não me importo se o Senhor preferir rasgar os céus e vir à Terra nem se preferir abrir os céus e me levar até o Senhor. De qualquer maneira está bem para mim. A única coisa que peço é que eu possa contemplar a sua Glória!

Acredito que é normal e saudável que os cristãos procurem experiências como essas e anseiem por um encontro individual semelhante com a Glória de Deus. Meu ponto de vista, como mencionei em outra parte deste livro, é que não há nada que possamos fazer para garantir-nos uma visitação da Glória. A única coisa que eu sei fazer é o que Moisés fez. Apenas pediu. Portanto, apenas peça. "Por favor, mostre-me a sua glória."

Por outro lado, também creio que houve duas situações na vida de Moisés que o tornaram apto e o prepararam para o fantástico encontro com a Glória. Em primeiro lugar, ele viu a Glória de Deus durante os oitenta dias de jejum e isolamento no topo do monte. Isso refletia um grau excepcionalmente incomum de consagração da parte de Moisés. Não são muitos que estão dispostos a se afastar de todos e ficar com Deus, sozinhos, por períodos de tempo tão longos – e sem alimento nem água! Minha opinião é que a veemente consagração de Moisés a Deus foi o principal fator que contribuiu para que ele visse essa Glória.

Houve ainda outro elemento que, em minha opinião, influiu para Deus mostrar sua Glória a Moisés. Isso tinha a ver com os anos de espera de Moisés pelo cumprimento das promessas de Deus. Estou me referindo aos quarenta anos da sua preparação no deserto midianita. Enquanto ainda estava na casa do faraó, Moisés foi chamado por Deus para libertar o povo de Israel. Seu erro foi ter tentado realizar uma visão divina com a força humana. Com seu zelo natural, ele matou um egípcio que estava batendo num escravo hebreu e assim passou a ser perseguido pelo faraó. Moisés teve de fugir do Egito e acabou no deserto midianita, onde viveu durante quarenta anos. Acabou morrendo para qualquer desejo ou expectativa de conduzir o povo de Deus para a liberdade. O deserto de Moisés foi um local de descoberta e de remodelamento num vaso novo, útil para Deus.

> Quando estudo a vida daqueles que tiveram um encontro individual profundo com a Glória de Deus, noto que quase todos tinham um denominador comum na história pessoal: um período demorado de espera em Deus, antes da visitação da Glória.

Esperar em Deus

Quando estudo a vida daqueles que tiveram um encontro individual profundo com a Glória de Deus, noto que quase todos tinham um denominador comum na história pessoal: um período demorado de espera em Deus, antes da visitação da Glória. Invariavelmente o período de espera teve uma prova de fogo, o adiamento e mesmo, ao que parece, a anulação de promessas divinas e restrições individuais dolorosas de todo tipo. Em geral (mas não como regra dura e inflexível), quanto mais intensa a provação, mais curta é a duração.

Alguns têm esperado em Deus há muito tempo, até muitos anos. Carregam consigo uma promessa, mas ainda têm de ver o cumprimento da libertação de Deus. Quando se tem esperado em Deus durante anos, torna-se necessário concentrar o máximo de energia para manter firmes a esperança e a confiança. A essência da campanha bélica do inimigo contra sua vida é deixá-lo desanimar e abrir mão de sua confiança. Não necessariamente que você se desfaça de sua salvação, mas pode te fazer desistir da esperança do livramento de Deus. O inimigo quer deixar você entorpecido num tipo de adaptação do cristianismo que desistiu da esperança de ver o poder de ressurreição de Deus.

> Quanto mais o cumprimento da promessa de
> Deus era adiado, mais a fé de Abraão crescia.

As Escrituras têm uma fascinante declaração acerca do período de 25 anos durante o qual Abraão esperou o cumprimento da promessa divina: "Não duvidou nem foi incrédulo em relação à promessa de Deus, mas foi fortalecido em sua fé e deu glória a Deus" (Romanos 4.20). Deus lhe prometeu o milagre de um filho, e ele esperou 25 anos o cumprimento dessa promessa. Romanos 4.20 fala sobre esse período de espera. Diz que a fé do patriarca estava mais forte no final dos 25 anos do que no início. Em outras palavras, quanto mais o cumprimento da promessa de Deus era adiado, mais a fé de Abraão crescia. Isso é absolutamente contrário à natureza humana! Nossa tendência é crer que quanto mais tempo uma promessa demora para se cumprir, as chances de que venha a se realizar diminuem a cada momento que se passa. Mas a fé como a de Abraão cresce no período de espera porque ela se fortalece dia a dia na palavra de Deus.

Um motivo de muitos que esperavam em Deus terem desistido é não ter compreendido a duração da prova. Essas pessoas não conseguiram enxergar nenhum valor redentor na extensão da espera, por isso concluíram que simplesmente eram incapazes de tocar o coração de Deus nesse assunto. Todavia, Deus percebe imenso valor nas esperas demoradas. Ele determina de propósito períodos de espera de muitos anos para os seus escolhidos. Em geral, a razão disso é que ele os está preparando para uma visitação da Glória. Aqueles que esperam com "fé e paciência" são candidatos a herdar as excelentes promessas (Hebreus 6.12).

>Deus determina de propósito períodos de espera de muitos anos para os seus escolhidos. Em geral, a razão é que ele os está preparando para uma visitação da Glória.

Uma coisa é esperar alguns anos; outra, muito diferente, é esperar durante quarenta anos! Deus fez Moisés esperar quarenta anos no deserto antes de se manifestar para ele na sarça ardente. Quarenta anos! Imagine. De início eu tinha um grande conflito com isso. Protestei: "Senhor, isso é *desprezível!* Deixar o cara esperar tudo isso... Nem pense em me falar de quarenta anos, Senhor! Não quero ouvir nem um pio sobre quarenta anos. Dentro de quarenta anos eu estarei morto e enterrado!".

Eu tive muita dificuldade para entender por que um Deus de compaixão e misericórdia faria um homem como Moisés esperar durante quarenta intermináveis anos. Foi então que Deus me lembrou da glória que Moisés provou – a sarça ardente, as pragas do Egito, a abertura do mar Vermelho, os oitenta dias no fogo do monte. E, claro, para coroar – Moisés viu as costas do próprio Deus.

Depois foi como se o Espírito de Deus sussurrasse esta pergunta ao meu coração: "Toda essa Glória valeu os quarenta anos?". A conclusão foi que a intensidade de Glória que Moisés experimentou foi diretamente proporcional ao tamanho do período de preparação. Quanto maior a espera, maior a Glória.

Se você não está atualmente passando por uma provação de espera em Deus, essas ideias talvez lhe soem mórbidas. Você não vai considerá-las um evangelho muito alegre. Todavia, se você está esperando em Deus durante muitos anos e tem lutado para manter a clareza e a esperança na provação, essa mensagem talvez seja muitíssimo animadora. É possível, meu caro santo à espera, que o motivo da prova demorada seja um derramamento da Glória de Deus planejado para sua vida. Pode ser que a espera angustiante seja na verdade uma benevolência! Será que Deus não está preparando uma invasão da Glória com isso? Estou convicto de que é essa a esperança declarada várias e várias vezes nas Escrituras Sagradas.

> É possível, meu caro santo à espera, que o motivo da prova demorada seja um derramamento da glória de Deus planejado para sua vida.

O APÓSTOLO JOÃO

Esse princípio é confirmado com tanta frequência na Bíblia que estou meio dividido em imaginar qual outro exemplo usar aqui. Bom, vamos observar o apóstolo amado, João. (Analiso outros exemplos no meu livro *The Fire of Delayed Answers*.) João foi chamado de o discípulo a quem Jesus amava, e permanece o fato de que aqueles de quem Deus mais gosta em geral são convocados a esperar mais. Uma vez que Deus elege como alvo de sua Glória os seus escolhidos, ele também lhes destina uma provação equivalente para prepará-los para essa glória. Para João, o crisol de prova foi ter sido exilado na ilha de Patmos. O apóstolo escreveu:

> Eu, João, irmão e companheiro de vocês no sofrimento, no Reino e na perseverança em Jesus, estava na ilha de Patmos, por causa da palavra de Deus e do testemunho de Jesus. No dia do Senhor achei-me no Espírito e ouvi por trás de mim uma voz forte, como de trombeta, que dizia: "Escreva num livro o que você vê e envie a estas sete igrejas: Éfeso, Esmirna, Pérgamo, Tiatira, Sardes, Filadélfia e Laodicéia" (Apocalipse 1.9-11).

Os estudiosos calculam que João tivesse por volta de noventa anos de idade na época dessa experiência. Logo, estava muito perto do fim da vida e foi exilado na ilha de Patmos por causa de sua fé.

Imagino João pensando: "Agora não, Senhor! Estou velho demais para isso. Não só não tenho o vigor físico como também não tenho tempo. Estou prestes a morrer a qualquer momento e esse não é exatamente o jeito que eu esperava de partir. Com toda graça e maturidade que o Senhor investiu em minha vida, sem dúvida há coisas mais proveitosas para os meus últimos dias de ministério do que me deixar definhar nesta ilha deserta!".

Contudo, apesar da idade avançada, João reagiu à prisão com a "paciência de Jesus Cristo" e, em vez de ter uma atitude contrariada, dedicou-se a ficar "no Espírito". Depositou amor no Senhor apesar de seu nível de sofrimento individual. Por ter esperado com paciência em Deus e permanecido no Espírito, foi-lhe concedida a mais grandiosa revelação de Jesus Cristo jamais dada a outro ser humano. Puxa, que glória ele contemplou! Os céus se abriram e ele viu Deus. Em seguida, Jesus abriu a boca e anunciou seu nome a João. Não há nada melhor do que Jesus se apresentando como Jesus ao espírito humano! Isso é Glória!

João esperou com paciência a Glória. Vamos nós também esperar no Senhor.

O processo de preparação

Quando Deus determina manifestar sua Glória a uma pessoa, ele sempre prepara esse vaso com um processo individualizado de formação de caráter. Os vales são aterrados; as montanhas, niveladas. Os lugares tortos são endireitados e os caminhos escabrosos, suavizados (veja o capítulo 3). Nossas reações às provas de Deus determinam se veremos ou não o objetivo planejado pelo Senhor. "Vocês ouviram falar sobre a paciência de Jó e viram o fim que o Senhor lhe proporcionou. O Senhor é cheio de compaixão e misericórdia" (Tiago 5.11). Por ter suportado a provação, Jó foi recompensado com uma visitação da Glória. Deus puxou a cortina e se revelou a Jó num redemoinho de vento. Jó não apenas viu a Deus, mas também ouviu a voz Dele quando este se revelou poderosamente ao seu coração por meio do Espírito de sabedoria e revelação. Jó recebeu um encontro emocionante com Deus porque perseverou.

O caminho para a Glória é traçado com muita maestria por Paulo:

> Tendo sido, pois, justificados pela fé, temos paz com Deus, por nosso Senhor Jesus Cristo, por meio de quem obtivemos acesso pela fé a esta graça na qual agora estamos firmes; e nos gloriamos na esperança da glória de Deus. Não só isso, mas também nos gloriamos nas tribulações, porque sabemos que a tribulação produz perseverança; a perseverança, um caráter aprovado; e o caráter aprovado, esperança. E a esperança não nos decepciona, porque Deus derramou seu amor em nossos corações, por meio do Espírito Santo que ele nos concedeu (Romanos 5.1-5).

Na conclusão do texto Paulo faz com que nos voltemos para a esperança da Glória, mas vamos continuar nossa análise da passagem para ver como chegamos lá.

No versículo 3 Paulo diz que podemos nos "gloriar nas tribulações" porque sabemos o que elas produzem em nossa vida. Em minha opinião este é um dos maiores desafios da maturidade cristã: chegar ao ponto em que nos alegramos e gloriamos verdadeiramente em meio às grandes tribulações. Chegaremos ao ponto de nos alegrar nas tribulações mais cedo tão logo compreendamos plenamente que elas estão nos levando para a Glória. A absoluta grandeza dessa Glória nos faz considerar essas tribulações nossas amigas, pois são o catalisador para essa estonteante Glória.

Em seguida, Paulo esboça o processo. Começa com esta verdade: "a tribulação produz perseverança". "Tribulação" é na verdade uma palavra mais sofisticada para "sofrimento" ou "dor". O sofrimento produz perseverança. Conheço bem essa verdade porque durante anos me senti como se toda a minha existência não fosse mais do que dor e perseverança, sofrimento e perseverança. Um pé diante do outro. Entra mês, sai mês. Eu não conseguia entender por que isso dói tanto nem por que Deus não me dava esclarecimento. Durante três anos tenebrosos minha vida foi definida por estas palavras: sofrimento e perseverança. Agora vamos ao versículo 4.

Paulo continua: "A esperança [produz] o caráter" (v. 4). Quando perseveramos em meio à dor diante de Cristo, essa perseverança santa produz o caráter. Outra expressão para designar caráter é "semelhança com Cristo". Esse caráter ou semelhança com Cristo é o ouro verdadeiro que adquirimos no fogo (Apocalipse 3.18). Quando você persevera em meio à dor e sofrimento, é transformado cada vez mais na imagem de Jesus. Lembro-me do dia em que me pareceu ter despertado de um sonho. Eu me belisquei para ter certeza de que estava mesmo acordado e percebi: "Estou diferente! Eu mudei!". De repente, consegui enxergar que a maior crise de minha vida estava sendo usada por Deus com finalidades redentoras, para me transformar na imagem de Cristo.

A passagem prossegue: "e o caráter [produz] esperança" (v. 4). Quando descobrimos Deus produzindo em nós um caráter piedoso através de uma prova de fogo, a esperança brota para a vida no nosso coração. É a esperança de que fala Filipenses 1.6, de que o Deus que começou a boa obra em nós a complete. Quando Deus começa a atuar em sua vida, Ele não se entedia e vai embora. Tampouco não se exaspera e diz: "Você é caso perdido!". Não. Quando Ele começa algo, termina. Ele é o Autor e o Consumador da nossa fé.

O versículo 5 continua, dizendo: "E a esperança não nos decepciona". Em outras palavras, essa esperança não é etérea e tênue, ela não surge num momento e se vai no instante seguinte. Não, essa esperança veio pelo fogo; veio com a enchente; com as águas; veio com a escuridão; sobreviveu à fúria da tempestade. Essa esperança é calejada, duradoura e forte. Quando se adquire esse tipo de ouro no fogo, não se vende, não se desperdiça, comercializa, perde, não se descuida nem se abandona. Não. O que se compra no fogo deve ser guardado. Esse ouro é a semelhança com Cristo, é o tesouro eterno e pertence para sempre a quem o adquiriu. A esperança que sobreviveu a esse fogo jamais decepciona, porque provou o amor de Deus nos maiores vales da vida.

> Quando vemos Deus usar nossa dor para nos fazer mais semelhantes a Jesus, começa a crescer em nossa alma a esperança de que ele nos está preparando para um encontro individual com sua Glória.

Quando, porém, sobrevivemos a esse fogo, qual é o objetivo dessa esperança? O que esperamos? A resposta se encontra no versículo 2: "E nos gloriamos na esperança da glória de Deus". A esperança que nos enche o coração é esta: Deus nos fez passar por tamanha tribulação porque está nos preparando para a grandiosa glória! Quando vemos Deus usar nossa dor para nos fazer mais semelhantes a Jesus, começa a crescer em nossa alma a esperança de que ele nos está preparando para um encontro individual com sua Glória. Adquirimos cada vez mais confiança de que a Glória de

Deus será conhecida em nós e por meio de nós, tanto nesta vida quanto na vindoura. A esperança é a alegria do espírito que nos capacita a suportar até a chegada da Glória!

Escrevi este capítulo consciente de que alguns leitores têm esperado em Deus e perseverado em meio a grande sofrimento e esperanças não realizadas. Coragem! Enquanto persevera, você será transformado na semelhança do próprio Cristo. Quando vir isso acontecer, a esperança vai encher seu coração, porque você saberá que ele vai completar a boa obra e lhe proporcionar Glória.

"Mas agora, Senhor, que hei de esperar?" (Salmos 39.7).

Eu aguardo essa esperança de Glória!

"Ó, Deus, não me importo se o Senhor preferir rasgar os céus e vir à Terra nem se preferir abrir os céus e me levar até o Senhor, mas tenho de ver sua Glória! Isso é tudo que ando esperando, tudo por que persevero e tudo por que anseio. Por essa esperança eu aguardarei no Senhor, vou guardar minha pureza, negar a mim mesmo, vou ser fiel nas boas obras e permanecer na sua palavra. Farei *qualquer* coisa para ver sua Glória! Mostre-me a beleza da sua face; anuncie seu nome ao meu coração pelo espírito de sabedoria e revelação. Eu só quero conhecê-lo. Se o Senhor não me mostrar sua glória, acho que vou morrer. Oh, quando o Senhor virá até mim? Não recuse minhas lágrimas, não faça ouvidos moucos ao meu clamor. Por favor, mostre--me sua glória."

Capítulo 9

HOJE É O DIA!

A Glória está chegando! Deus está prestes a visitar seu povo, e é nossa obrigação estar preparados e alertas; discernir os sinais e esperar.

Estamos vivendo um momento estratégico. Na entrada do terceiro milênio há uma sensação de expectativa em todo o corpo de Cristo. As coisas estão fermentando no Espírito. Estão surgindo por toda parte casas que se dedicam à oração, acendendo em nosso coração a ânsia de uma invasão de Glória. As nuvens de tempestade da santa invasão estão se agitando no horizonte. Uma enorme expectativa está enchendo o coração dos vigilantes.

> As nuvens de tempestade da santa
> invasão estão se agitando no horizonte.

O TERCEIRO DIA

Nós já entramos no terceiro milênio desde que Cristo chegou. Sabendo que "para o Senhor um dia é como mil anos, e mil anos como um dia" (2 Pedro 3.8), agora entramos no "Terceiro Dia" da história da Igreja – isto é, o terceiro período de mil anos.

Acredito que Jesus vai voltar no Terceiro Dia – nos próximos mil anos. Assim como Jesus agraciou o casamento de Caná no terceiro dia (João 2.1), assim também ele será o anfitrião do banquete de casamento do Cordeiro no Terceiro Dia da história do Novo Testamento. Assim como ele levantou da sepultura no terceiro dia, a esposa do Cordeiro ressuscitará em estado glorificado no Terceiro Dia. "Depois de dois dias ele nos dará vida novamente; ao terceiro dia nos restaurará, para que vivamos em sua presença" (Oseias 6.2). Disse Jesus: "Destruam este templo, e eu o levantarei em três dias" (João 2.19), o que na verdade passa a ser uma predição de que Jesus vai levantar seu templo verdadeiro, a Igreja, "em três dias" – ou seja, no terceiro milênio depois de seu ministério terreno.

Talvez você esteja pensando: "Grande coisa! E se Jesus voltar daqui a 935 anos? Isso não me capacita a viver com senso algum de expectativa para o aqui e agora".

Sim, mas pense nisto: Jesus ressurgiu dos mortos *no início* do terceiro dia! Já que a ressurreição de Jesus aconteceu nos momentos iniciais do terceiro dia, "enquanto ainda estava escuro" (João 20.1), é bem razoável crer que ele também ressuscitará sua noiva *no começo* do Terceiro Dia!

Além do mais, manifestações poderosas de Glória vão invadir este planeta antes de sua volta. Em outras palavras, a Glória está prestes a invadir a Terra de formas sem precedentes no último Dia da história. "Este é o dia em que o Senhor agiu; alegremo-nos e exultemos neste dia" (Salmos 118.24). Prepare-se para a alegria, a Glória de Deus está chegando! "E aí vem! É certo que acontecerá, palavra do Soberano Senhor. Este é o dia de que eu falei" (Ezequiel 39.8).

Preparar-se para o terceiro dia

Quero encerrar este livro estudando uma última passagem da Bíblia que relaciona a Glória ao Terceiro Dia. Observe as referências ao "terceiro dia" nos versículos a seguir:

> Disse o Senhor a Moisés: "Virei a você numa densa nuvem, a fim de que o povo, ouvindo-me falar-lhe, passe a confiar sempre em você". Então Moisés relatou ao Senhor o que o povo lhe dissera. E o Senhor disse a Moisés: "Vá ao povo e consagre-o hoje e amanhã. Eles deverão lavar as suas vestes e estar prontos no terceiro dia, porque nesse dia o Senhor descerá sobre o monte Sinai, à vista de todo o povo. Estabeleça limites em torno do monte e diga ao povo: Tenham o cuidado de não subir ao monte e de não tocar na sua base. Quem tocar no monte certamente será morto; será apedrejado ou morto a flechadas. Ninguém deverá tocá-lo com a mão. Seja homem, seja animal, não viverá. Somente quando a corneta soar um toque longo eles poderão subir ao monte". Tendo Moisés descido do monte, consagrou o povo; e eles lavaram as suas vestes. Disse ele então ao povo: "Preparem-se para o terceiro dia, e até lá não se acheguem a mulher". Ao amanhecer do terceiro dia houve trovões e raios, uma densa nuvem cobriu o monte, e uma trombeta ressoou fortemente. Todos no acampamento tremeram de medo. Moisés levou o povo para fora do acampamento, para encontrar-se com Deus, e eles ficaram ao pé do monte. O monte Sinai estava coberto de fumaça, pois o Senhor tinha descido sobre ele em chamas de fogo. Dele subia fumaça como que de uma fornalha; todo o monte tremia violentamente, e o som da trombeta era cada vez mais forte. Então Moisés falou, e a voz de Deus lhe respondeu (Êxodo 19.9-19).

Deus mandou que Moisés preparasse o povo porque no terceiro dia Ele ia visitá-los com Glória. Desse modo, as pessoas se santificaram, os casados se abstiveram de relações sexuais e todos lavaram as roupas.

Então, cedo no terceiro dia, "de manhã" (v. 16), o povo despertou para a Glória de Deus no monte. O sentido das pessoas foi invadido por manifestações de Glória. Em primeiro lugar, eles *viram* a Glória – relâmpagos, uma nuvem densa, fumaça e fogo. Em segundo lugar, *ouviram* a Glória – trovões, uma trombeta bem alta e depois a voz do próprio Deus. Em terceiro lugar, *sentiram* a Glória – todo o monte se abalou e tremeu.

Que encontro impressionante e assombroso com a Glória! Deus falou ao povo na língua hebraica da nação, ditando o que chamamos de "os Dez Mandamentos" (Êxodo 20). "O espetáculo era tão terrível que até Moisés disse: 'Estou apavorado e trêmulo!'" (Hebreus 12.21).

Tendo em vista que agora vivemos no Terceiro Dia, isso faz dele o nosso *Hoje*. Nosso Hoje é o último Dia da história da Igreja.

"Hoje, se vocês ouvirem a sua voz, não endureçam o coração, como em Meribá, como aquele dia em Massá, no deserto" (Salmos 95. 7-8). "Encorajem-se uns aos outros todos os dias, durante o tempo que se chama 'hoje', de modo que nenhum de vocês seja endurecido pelo engano do pecado" (Hebreus 3.13). A Glória de Deus está chegando – Hoje!

Tendo em vista que agora vivemos no Terceiro Dia, isso faz dele o nosso Hoje. O Espírito Santo está dizendo: "Preparem-se, santifiquem-se, pois Hoje estou me aproximando de vocês em glória".

O Espírito Santo está dizendo: "Preparem-se, santifiquem-se, pois *Hoje* estou me aproximando de vocês em glória".

É por isso que estamos adotando um estilo de vida de jejum; por isso estamos procurando consagrar cada vez mais nosso coração ao Senhor; por isso nos dedicamos à obediência radical; por isso cultos e intercessões de 24 por 7 pululam por toda a Terra (24 horas por dia, sete dias por semana, de oração conjunta ininterrupta). Sabemos que a Glória está chegando e estamos nos preparando porque o Terceiro Dia é Hoje.

Sinais da vinda da glória

Acredito que, à medida que a volta de Cristo se aproxima, veremos manifestações mais intensas da Glória, do mesmo modo que as experiências de Moisés com a Glória aumentaram de intensidade. Seus encontros com a Glória começaram no nível de uma moita em chamas e uma vara transformada em serpente. Em seguida aumentaram para a intensidade das dez pragas sobre a nação do Egito. Muito maior, porém, foi a divisão do mar Vermelho e o afogamento do exército do faraó. No monte Sinai a manifestação da Glória de Deus foi ainda mais forte e acompanhada de sua voz audível falando a toda a nação. A partir daí, Moisés subiu o monte e viveu entre a chama durante oitenta dias sem alimento nem água. Por fim, ele viu as costas de Deus. Suas experiências com a Glória foram ficando progressivamente maiores até atingir o zênite – ele viu Deus. Do mesmo modo, nossas experiências com a Glória aumentarão nos últimos dias até aquele momento em que veremos o Senhor face a face.

Estou lhe escrevendo acerca de mais do que apenas ideias fantasiosas ou sonhos desejosos. Falo do que certamente vai acontecer. A Glória de Deus vai visitar a Igreja em esferas cada vez maiores, e o impacto da explosão será sentido nos quatro cantos da Terra. Entre os sinais dessa visitação da Glória estão:

- Os santos se inflamam de zelo e anseio pela face de Cristo.
- Aumento acentuado de perseguição e martírio.
- Uma explosão de milagres, sinais e maravilhas.
- Uma reunião incomum de almas.
- Os juízos catastróficos de Deus do final dos tempos, segundo Apocalipse 16, com a devastação da Terra e os homens furiosos contra Deus.
- Pureza e temor na Igreja.
- O endurecimento da pseudoigreja (isto é, religiões falsas).

Essa Glória está chegando! Ouça a palavra do Senhor: "O SENHOR dá graça e glória" (Salmos 84.11). O Deus resoluto jurou: "E encherei de glória esta casa, diz o SENHOR dos Exércitos" (Ageu 2.7). "No entanto, juro pela glória do Senhor que enche toda a terra" (Números 14.21).

Quando essa Glória vier, não virá como bruma nem chuvisco que toca um pouco aqui e um pouco ali. Não! Ouça como a Palavra de Deus define essa invasão de Glória que se aproxima: "E a terra se encherá do conhecimento da glória do Senhor, *como as águas enchem o mar*" (Habacuque 2.14). O Espírito Santo não está falando de uma aspersão, mas de total imersão. A Glória que se aproxima inundará toda a Terra com um *dilúvio* de poder e determinação divina.

A glória que se aproxima inundará toda a Terra com um dilúvio de poder e determinação divina.

Oh, minh'alma! Oh, minh'alma! Quando penso nisso tudo meu coração arde dentro do peito. Olho ao redor e fico muito inquieto. Meu espírito se agita. Não tenho descanso; minha alma se perturba, fico meio angustiado e um pouco debilitado. Começo a pensar: "O que há de errado comigo? Por que estou tão descontente com o curso normal das coisas? Os outros me parecem bem felizes. Parece que estão contentes com o reino da presença tal como a conhecemos. Será que é certo eu me sentir assim? Que anseio é este que arde dentro de mim? Estou tão satisfeito com a doçura e mansidão de Jesus, contudo estou muito insatisfeito. O que há de errado comigo? Que é isso?".

Deus me mostrou uma palavra bíblica para esse sentimento. Chama-se *doente de amor* (Cântico dos Cânticos 2.5; 5.8). Amo muito a Deus, estou doente de amor. Estou enfermo porque meu amor não foi correspondido em plenitude. Estou desfalecendo de amor porque o Senhor ainda se nega a mim. Já vi o suficiente dele para me tornar um dependente crônico de sua beleza e preciso conhecê-lo melhor. Sou viciado em Jesus. Estou arrasado – pela Glória! Como eu poderia ficar satisfeito com menos?

Por isso estou aqui tremendo no limiar do Terceiro Dia, ansiando, chorando, implorando, desejando ardentemente. Não consigo viver sem o Senhor, meu Deus. Preciso vê-lo! Preciso ouvir sua voz! Venha a mim, ó meu amado, senão morrerei! Mostre-me a sua Glória!

"Quando virás ao meu encontro?" (Salmos 101.2).

"O Espírito Santo diz: 'Hoje'" (Hebreus 3.7).

Amém!

Descrição das obras mencionadas na página de rosto

- *Unrelenting Prayer* – Escrito para dar subsídio para a oração 24 por 7 enquanto Deus não nos visita para cumprir sua promessa.

Quando a justiça vier "rapidamente", receberemos restauração e a restituição em sete vezes.

- *Loyalty* – O que é lealdade, por que ela é importante para Deus e essencial nestes últimos dias? De fato, um livro bem importante.

- *Secrets of the Secret Place* – Bob fala de alguns segredos que aprendeu ao tornar o lugar secreto estimulante e agradável. O guia que acompanha a publicação faz dela uma maravilhosa ferramenta de preparação de pequenos grupos. Ganhe combustível novo para sua vida devocional íntima com Deus!

- *Envy* – Comparações carnais entre ministérios impedem a liberação do poder renovador de Deus. Descubra que os santos com dois talentos invejam os que têm cinco.

- *Following the River* – Poderosas reflexões acerca de como seguir o Espírito na adoração coletiva. Leitura essencial para salmistas.

- *Pain, Perplexity & Promotion* – Estuda o livro de Jó de um ponto de vista novo e profético. A vida de Jó mostra que Deus promove seus vasos escolhidos para níveis mais elevados do que eles jamais imaginariam ser possível.

- *The Fire of God's Love* – Empurra-nos para o amor apaixonado que Deus está produzindo na noiva, nesta hora em que ela vai encontrar seu Noivo.

- *The Fire of Delayed Answers* – Analisa o fato de que Deus às vezes atrasa a resposta a nossas orações a fim de produzir um caráter piedoso em nós. O livro é "alimento espiritual" para aqueles que passam por crise ou dificuldades.

- *In His Face* – Impulsiona o leitor de modo apaixonado para uma relação mais individual e íntima com Jesus Cristo. Desafia para a leitura devocional.

- *Exploring worship* – É um livro didático que abrange um leque completo de assuntos relacionados ao louvor e à adoração. Traduzido para várias línguas, esse *best-seller* tem sido usado em todo o mundo como cartilha de adoração. Também está disponível o livro de exercícios e o guia de discussões.

- *Dealing with the Rejection and Praise of Man* – É um folheto que mostra como manter o coração perante Deus de maneira que o agrade em meio tanto à rejeição quanto ao louvor das pessoas.